イップスの科学

田辺規充 著

星和書店

Seiwa Shoten, Publishers

2-5 Kamitakaido 1-Chome
Suginamiku Tokyo 168, Japan

はじめに

私はイップスになった経験がある精神科医です。私はハンディキャップ6になるまで、プロにゴルフを教わったことも、スイングを考えたこともありませんでした。ショットはひどいものでしたが、アプローチとパットがうまかったので、いくらでもしのげたのです。

しかしゴルフ好きが嵩じて、クラブ内の競技やクラブ外の競技に出場していくうちに、徐々にパターが打てないようになってしまったのです。カップまで届かない弱々しいパットが多くなり、強く打つと少しずつ左に外れるようになってしまいました。そのうちにだんだん、パットに対する自信が恐怖に変わり、私の右手は動かなくなっていきました。打とうとしても全く動かないのです。しかたがないので試行錯誤のうえ、クロスハンドグリップに変え、ほとんど左手一本で打つようにして何とかごまかせるようになりました。

そして一九九五年には、恐怖に震えながらもパットを入れまくり、関東アマチュアゴルフ選手権の予選を通過し、決勝に進むことができたのです。同伴競技者に「すごい精神力ですね」といわれたことが、今も記憶に残っています。本人は恐怖に震えていたのですが、難しいパットを次々に入れたので周囲にはそうみえたのでしょう。

しかし、決勝でトップアマのショット、パットを目の当たりにすることによって、私のイップスは悪化の一途をたどり、翌年には長尺パターを手にするようになりました。いろいろな競技に長尺パターで参加することは、みっともないという気持ちが先に立ち、なかなか勇気が要ることでした。プロゴルファーの尾崎建夫選手が、よく我慢してプレイしていたものだと感心します。できることならば、人並みに短いパターでプレイしたいという気持ちには強いものがありました。図らずもそれは翌年にはかなえられることになりました。長尺パターでも震えて打てなくなってきたからです。どうせ打てないのならばと、皆に好奇の目でみられる長尺パターから短いパターに戻したのです。

こうして、現在ゴルフ界でイップスに有効といわれている方法をすべて試してみて、そのすべてでいきづまってしまった私は、ここでようやくイップスを精神科の専門医の立場から、心の問題として解決してみようと思い立ったのです。

調べてみると、実はイップスで悩んでいる、あるいは悩んだことがあるゴルファーは思ったよりも多いことがわかってきました。また、単にイップスと呼ばれているもののなかにも、いろいろな種類があり、それぞれに対策が違うこともわかってきました。イップスに陥ったゴルファーが、どうしたらいいのか悩んだときに、すぐ手にとって自分にあった方法を試してみることができるように、この本ではイップスに悩んだゴルファーとしての経験と、精神科医としての経験から、古今東西イップスに良いといわれている方法を、道具、打ち方、メンタルトレーニングにいたるまで、ほぼ全部紹介します。

皆様方のお役に立てたならば幸いと思っています。

田辺　規充

目次

第Ⅰ章

イップスとは

1～2メートルの距離が打てない！

「イップス」とは、狭義の意味としては、練習では何でもない1～2メートルほどのパットが、競技になると緊張のあまり震えて打てなくなる、あるいは筋肉が痙攣してカツンと強く打ってしまい、はるかにカップをオーバーしてしまうことをいいます。また広義の意味では、アプローチ、バンカー、アイアン、ドライバーにいたるまで、緊張のあまり身体がかたくなってうまく打てなくなることを総称します。

イップスという言葉が日本で使われるようになったのは比較的新しく、ここ十年ほどではないかと思います。日本ではむしろ「しびれる」という言葉のほうがよく使われてきたのではないでしょうか。しかしながら外国においては一九一二年に、ハリー・バートンが〝How To Play Golf〟のなかで、イップスという言葉こそ使用していないものの、自らのショートパットの恐怖体験について詳しく述べています。以下に少し引用してみ

ましょう。

「私はゴルフトーナメントに出場しているとき、決してナーバスになったことはなかった。ショートパットをプレイしているときは、ナーバスになるよりも自信喪失に見舞われるほうがはるかに悪いことであった。ボールにアドレスして構えたとき、自分の右手が震え上がるのをみたものである。約二秒後には、私は全然ボールをみていなかった。私の目は右手に釘づけにされてしまっていた。ただもう右手が何をしようとしているかをみたい気持ちを押さえることができなかった。右手が震えて縮み上がりそうに思った途端、不随運動が作動しないうちに、ボールに飛びかからんばかりに絶望的な気持ちでそのパットを行おうとしたものだ。私は、スタートから頭も身体もあがってしまい、ボールは正しいラインを外れてしまっていたのだろう。3ヤード以上のパットについては完全にゆとりを感じ、満足のいくプレイができた。困難を意識するようになるのは、ホールから4フィート以内に達したときだけであった。私にはいつも自分が安心感をもてそうなときはそれがはっきりわかった。1

番グリーンで震えの発作がこなければ、そのラウンドは安全なことがわかった」

さらに自信をつける方法として、暗闇のなかでのパッティング練習を勧めています。

約八十年も前から、今と同じようにショートパットが苦手なゴルファーはいたのです。1フィートは約30センチメートルですから、4フィートというと1メートル20センチになります。長い距離は何でもなくて、1〜2メートルの距離になると打てないというのです。実はこのような症状は、現在でもほとんど変わっていません。

イップスで引退を余儀なくされたプロゴルファーたち

イップスという言葉を初めて使ったのは、トミー・アーマーであり、一九六七年に出版された彼の『ABCゴルフ』という本のなかで、「今までスムーズにパッティングをしていたゴルファーが、ある日突然緊張のあまり、ほんの数十センチしか打て

なかったり、あるいはカップをはるかにオーバーするようなパットを打ったりするようになる病気を、自分がイップス(YIPS：うめき病)と名づけた」と書いています。YIPSという単語を英語の辞書で引いてみましたが、載っていませんでした。外国の方は「おっと！　しまった」という意味で「ウップス！(Oops!)」ということがよくあるので、それがなまったのではないかと思っていたのですが、「うめき病」という意味だったことがわかりました。自分の本のなかで、自分が名づけたと書いているくらいですから、彼が名づけ親であり、その意味が「うめき病」だということも間違いないでしょう。

トミー・アーマーは、一九二〇から一九三〇年代に活躍した名プレイヤーであり、一九二七年に全米オープン、一九三〇年に全米プロ、一九三一年に全英オープンに優勝した強豪ですが、一九三四年のカナダオープンを最後に、イップスのために引退しています。

したがって、本に書いたのは一九六七年ですが、イップスというものを命名し、仲間内で使い始めたのは一九三〇年頃のことでしょう。

彼は、優勝した一九三一年の全英オープンでさえ、71ホール目でイップスを起こし、2フィートのパットを外し、72ホール目のグリーンで3フィートを決めれば優勝という場面を迎え、とっさにグリップの仕方を変え、クラブをしっかりもち、手首もかたくしました。スタンスも違うとり方をし、とにかくやっとボールをホールに沈めました。自分としてはイップスに悩まされながらようやく沈めたパットだったのに、翌日の新聞の観戦記事は一様に「今だかつて優勝のかかった3フィートのパットをあれほど無頓着に沈める選手をみたことがない」というものだったそうです。これは大事な点です。何はともあれ、はたからは無頓着に打っているようにみえたことを、覚えておいてほしいと思います。

同年代に活躍した選手に、ベン・ホーガン、ボビー・ジョーンズがあげられます。ベン・ホーガンは、ゴルフにおいて神経のコントロールに最も優れていると思われていたプレイヤーです。事実、ティーからグリーンまではほぼ完璧なショットを放

ち、自信にあふれたプレイをみせるのですが、グリーン上になるとひどいイップスに侵され、泣きたくなるほど怖気づいたパットをし、ほとんどパターを後ろへ引くことも、ホールに向けて振ることもできないくらいだったといいます。

ボビー・ジョーンズもひどいイップスに悩まされ、パターをラインに合わせず、パターのブレイドをみないようにして、ただ下ろすようにスイングするだけにしていたといいます。

このように、当時名選手といわれていた人たちが、ショットはすばらしいままで、パターのイップスに悩まされ、引退に追い込まれていったのです。

それは、彼らが練習を怠けたせいでも、精神的に臆病なせいでもありませんでした。朝早くから夜暗くなるまで練習しても治すことができず、原因もわからず、対処の仕方もわからない手の痙攣のために、ギャラリーの前から消えていくしかなかったのです。

体力にあふれ、経験豊富なゴルファーとしての絶頂期に、イップスのために引退せざるを得ないことは、さぞかし無念なこ

とだったでしょう。

トミー・アーマーの本から長々と引用しましたが、これは、彼がイップスの名づけ親であるとともに非常に優れた観察者でもあり、彼の記述がそのまま現代でも通用するほど本質をついているからです。はたからは無頓着にみえるほどさっとパターを打ったこと、とっさにいつもとは違う打ち方で打ったことなどは、すばらしい感性だと思います　現在、イップスの対策として行われていることのほぼ原型といってもいいでしょう。

ちなみに当時イップスは、誰もがいつかはかかる不治の病とされ、対策として、深呼吸を続けて自分の神経を静めようとしたり、いつもより早く寝ることで神経を静めようとしたり、さらには逆に夜眠らず極度に疲れてボーッとすることで神経過敏に陥ることを防ごうとする者もいました。当時のプロゴルファーが神経を和らげるために好んで服用していたものは、シガレット、ワニの肉、アスピリン、アルカセルツァ（ドイツ産の鉱泉水）、そしてウィスキーでした。シガレットやアスピリンはまだ理解できますが、ワニの肉というのはおもしろい。日本でい

えば、熊の胆、マムシの黒焼きといったところでしょうか。夜眠らないというのもおもしろい。わざわざ徹夜し、真っ赤にはれた目、一打を争う真剣勝負のなかで、夢遊病者のように戦ったといいます。プロゴルファーは、判断力のないボーッとした頭で夢遊病者のように戦ったといいます。プロゴルファーなのに、手がうまく動かないという悲惨な状況のなかで、何とか解決法を模索している不屈の努力と、何となく暖かい人間味が感じられます。今となっては名前も消息も不明ですが、できることならば、この方には一度お会いしてみたかったと思います。

一九三〇年代にはトランキライザー（気分安定薬）もろくなものがなかったでしょうから、このなかではウィスキーが即効性のある、いちばん頼れるものだったでしょう。事実、朝スタートの前から一杯引っかけ、ホールアウトまで飲み続けたプロゴルファーもいたといいます。とにかく酔っ払っていなければパターが入らないのだから、しかたがないのです。ホールアウトする頃にはべろんべろんに酔っていたことでしょう。これが毎日続くのですから身体がもたず、トミー・アーマーもウィスキーと薬には手を出さないようにしていたと述べています。トランキライザーは当時丸薬であり、どのような成分のものが使われていたか不明です。薬を飲んでいるプレイヤーは朝から晩までケラケラと笑っていたといいますから、麻薬系統のものだったのではないでしょうか。トランキライザーでまともなものが出てくるのは一九六〇年代になってからのことです。

イップスという言葉が、昔はどのような状態を指していたのか、また当時のプロがどのように対処していたのか、おわかりいただけたでしょうか。

イップスにはいろいろなタイプがある

では現在は、イップスという言葉はどのように使われているのでしょうか。現在は少し幅広く使われすぎているような気がしますが、タイプ別にそれぞれの例をあげてみましょう。

◆パターイップス

打てないタイプ

このようなところで自分のことを例としてあげることは非常に恥ずかしいのですが、あえて私の体験をお話ししましょう。前に少し書きましたように、私とイップスとの付き合いは特に何のきっかけもなく、何となく始まりました。

ドライバーショットからアイアン、アプローチまで、とにかくグリーンに上がるまで緊張することはないのですが、1～2メートルのショートパットになると、何となく嫌な感じがするのです。何とかしてようやくカップに届くような弱々しいボールを打っていたのですが、そのうちに微妙に左に外れるようになってきました。強く打とうと思っているうちに右手の親指側の筋肉が利いてしまい、パターの面がかぶるように変わっていたようです。それを直そうとしているうちに、今度は自分ではまっすぐに打っているつもりなのですが、いつも一緒にプレイする仲間からは「カットになっている」とよくいわれるようになりました。インパクトから先にパターが出ていかないのです。

打とうと思っても身体が動かないのだから、しかたがありません。

その後は先に述べたように道具を変え、打ち方を変え、結局二年前まで続きました。

痙攣したように強く打ってしまうタイプ

一般的に、プロはこのような話を人にしたがらないものですが、名前を出さないという条件で、あるプロが体験談を話してくれました。

二十六歳からプロの世界に入り、怖いもの知らずで順調に推移し、シード権に手が届くところまでいっていたそうです。三十二歳頃からスライスラインが右に落ちずに左へ上っていくようになったといいます（これはプロの世界の表現で、実際には曲がるはずのラインが曲がらずまっすぐに抜けてしまったくらいのところでしょう）。

一般的に、パターで打った球が狙いよりも左に行きだすということは、イップスの危険な兆候です。通常パターを打つときには、日常生活で物を挟んだり字を書いたりしてよく使う器用な人差し指と親指を使って、距離感を出しています。緊張して打てないときに打とうと思うと、ついこの親指と人差し指側の筋肉を使ってしまうので、パターがかぶるような動きになるからです。

それを修正するために、スタンスを変え、道具を変えたりしているうちに打ち方がわからなくなってしまい、そのうちに試合中に手が痙攣して、コーンと強く打ってしまうようになってきたといいます。しびれるわけでも、怖がっているわけでもなく、ラインを読んでボールがカップに入るいいイメージが湧き、「よし、もらった」と思って打とうとすると、誰かに後ろから「わっ」と脅かされたように、自分の意志とは関係なく強く打ってしまうといいます。試合にはそのまま出続け、二回ほどプロの地方競技会で優勝しています。そのときでさえも、手は勝手に動き、コーンと強く打ってしまったのがたまたまカップにぶつかって入ってしまったような感じだったそうです。自分としては、全くノーカンでどうしようもないのだが、他のプロから

は強気で打っているように思われ、あきれられたといいます。しかたがないので、クロスハンドグリップをいろいろと試してみたがうまくいかない。悩み抜いたが、プロの場合、よほど親しい仲間のプロでない限り、自分がイップスであることを人に打ち明けたり相談したりすることはありません。勝負の世界なので、弱みをみせたら負けですし、相談したところで同情してくれるわけでも教えてくれるわけでもないからです。ではこのプロはどうしたのでしょうか。親しいアマチュアに相談したのです。

　プロの場合もアマチュアの場合も、このように相談するところがないというのが、いちばん大きな問題点です。他の競技の場合には、有能なコーチがいて、選手の指導、相談にのることができます。ゴルフの場合には、あまりに個人技すぎて、このような側面が遅れているのではないでしょうか。

　このプロの場合には、アマチュアに相談した結果、手が痙攣して打ちすぎてしまうことが問題なので、左サイドを下げたアドレスをつくり、上から打ってインパクトしたらすぐ地面にぶつかり、フォローが出ないようにしました。フォローが出ると、強く打つため、カップを挟んで行ったり来たりしてしまうからです。いちばんひどいときには、長い距離でも短い距離でも同じようにコーンと打ってしまっていたそうですが、練習すればするほど悪化するので、いっさいパッティング練習をしないことにしたそうです。

全く練習しなくなって数年すると、長いパットは平気になり、短いパットだけがだめなまま残ったといいます。アプローチの猛練習をして、いわゆるオーケーの距離まで寄せられるようにし、1メートル以上の距離が残ったら、どんなにやさしいラインでも2パットと、きっぱりとあきらめるようにしました。しかしながら、これではトーナメントプロとしてやっていくことは苦しいので、ショットは調子良いままで、レッスンプロに転向することを余儀なくされてしまいました。

◆アプローチイップス

これはパターのイップスと一緒に起こることが多いのですが、

アプローチ単独の場合も見受けられます。私がインタビューしたこのプレイヤーの場合には、もともとアイアンショットもアプローチもダウンブローにターフをとって打つのではなく、ボールをフェースに乗っけて払うような打ち方をしていました。しかし、この打ち方ではボールが浮いているような条件の良いときにはいいのですが、少しライの悪いときにはトップしてしまうことが多く、すくわないで上からダウンブローで打とうといろいろと打ち方を変えているうちにミスが多くなり、わけがわからなくなってしまったそうです。そのうちに少し強く打つと飛んでいってしまいそうな気がするし、力を抜けばザックリ行きそうで怖くなり、柔らかく打てなくなりました。ゆっくり上げてゆっくり下ろすことができず、バックスイングも小さく上げて早く打ってしまうようになり、打った瞬間に飛ばないことがわかるので、思わずかち上げたりフェースをこねるような動作をしてしまう。打つことが怖いのでクラブをもつ手に力が入り、がちがちに強く握ってしまっているため、バックスイングしてから一回でクラブが下りてこないで何回もワッグルしてしまうのです。いちばん苦手な状況は、グリーンのカラーから少し入ったラフにボールが止まり、ピンが近くに立っている場合です。つまり軽く柔らかいタッチでポンと少しボールを打ち出すことができないので、ザックリするか、はるかに打ってしまうのです。バンカー越えのアプローチももちろん苦手なのですが、これは他のプレイヤーの方もうまく打てないので、寄せることはあきらめて、強く打ってグリーンに乗ればいいとしているそうです。

インタビューして感じたことですが、このタイプの方をイップスに陥ったプレイヤーと呼んでいいかどうか疑問に思います。確かにアプローチをすることに恐怖感があり、緊張してうまく打てなくなるのですが、どちらかというと、精神的なことよりも技術的な問題が強く影響を及ぼし、誰か適切なプロのもとで猛練習を積めば克服できるような気がしました。前述のパターのイップスのように、技術とは全く関係がない1メートル前後のパターが打てないとか、練習しても全然良くならずむしろ悪化するような状況とは、少し違うのではないでしょうか。もしそのプレイヤーが多彩なアプローチの腕を誇り、練習ではいろんな状況から何でもなく寄せることができるのに、試合になると全然だめになってしまうというときに初めて、私の出番がくるのではないかと思います。

◆アイアン、ドライバーイップス

クラブが下りてこない現象

　これはスイングの際、クラブが途中までしか上がらず、あるいはトップまで行ってもそこから下りてこないという現象です。これもなった者にしかわからない現象ですが、私の友人がまだ初心者の頃、強いことで有名なシングルプレイヤーとゴルフをする機会があり、そのときの思い出を話してくれました。今日は一日その上級者の技術やスイングの良いところをすべて盗んでやろうと目を皿のようにしている彼の前で、朝一番のティーショットをするためにティーグランドにあがったシングルプレイヤーはさっとドライバーを振りかぶり、〝ため〟のあるいいトップをつくったまま動かなくなってしまったそうです。何が

起こっているのかわからない初心者の彼は、そのプレイヤーはまだ打つつもりはなく、トップの位置の確認をしているのだと思い、「良いトップの形ですねー」と声をかけたところ、「うるさい！」と怒られてしまったそうです。ラウンドしながら同伴プレイヤーにそっと聞いたところ、最近本人はうんうんうなっているのだけれど、トップの位置からクラブが下りなくなって困っているのだといいます。そんなことも世の中にはあるのかとびっくりしながら帰ってきたそうです。

このタイプのイップスで有名な方に、元プロ野球のある投手がいます。初めてそのスイングをテレビでみたときには、まだそんな現象があるとは私も知らなかったものですから、「なんという変則な二段モーションなんだろう」と思ったものです。トップの位置までクラブを上げてから、「うーん」と唸っているのが聞こえてくるような感じでゆっくりとそのままの形で腰のあたりまで下ろしてきて、そこからビュンと振るのです。今考えれば、本人はトップの位置からすぐにクラブを振りたくてもなかなか手が動かなかったのでしょう。本職の野球では何万人と

いう観衆にみられ、打たれれば逆転という強いプレッシャーのもとでも動ずることなく豪速球を正確に投げ込んでいた彼が、たかが遊びのゴルフで腕が下りてこなくなるというのは、考えてみれば不思議な現象です。

クラブが上がらない現象

　クラブが上がらないという現象については、私の知人がインタビューに応じてくれました。彼はドライバーだけがトップの位置まで上がらないのだそうです。右肘がつっかえ棒になったようになり、低いテークバックになってしまうそうです。二年前の競技会のときがいちばんひどく、ドライバーをもつとチョロしてしまい、フルバックから打ってレディースティまで転がってやっと届くようなありさまなので、しかたがなくバッフィーでティーショットをしていました。このときの競技会の会場は、200ヤードぐらいから先がフェアウェーで、その手前は深いラフになっていたそうです。バッフィーではフェアウェーまで届かないので、2打目はアイアンでラフから出してグリーン手前まで刻み、アプローチでパーを狙う方法をとりましたが、結果は散々で、スクラッチプレイヤーの彼が90以上打ったそうです。不思議なことにフェアウェーウッドやアイアンは何でもなく振ることができ、ドライバーだけがトップの位置まで振り上げることができないのだそうです。

この方は非常にまじめで研究熱心なので、何かいい方法はないかと探し求めていたところ、ある日テレビのゴルフ番組で元野球選手がドライバーをバットと同じように担ぎ上げ、野球スイングと同じように左へ振り下ろしてものすごい球を打ち、「ゴルフのスイングは野球と一緒ですよ」と話しているのを聞いたそうです。なるほどと思い、自分も早速バットを担ぐようにドライバーを振り上げてみると、右肘に何の抵抗もなく高い位置に手が上がったそうです。それ以来、ゴルフ練習用のバットの形をしたゴム製の器具を買ってきて、毎日家のなかで鏡の前でバットを振るようにスイングの練習をして、何とかある程度克服できたといいます。

◆バンカーイップス

やはり私の知人の大変ゴルフのうまい方がその体験談を話してくれました。その方はもともとバンカーが大変うまく、技術的に砂を薄くとってスピンをかけて寄せる打ち方をしていました。ある日何でもないバンカーショットをトップしてホームランしてしまい、それからどういうわけかトップすることが二、三回続き、そのうちに自信をなくして手がかじかむようになってきたといいます。何回か打たないと出ない時期が続き、いちばんひどかったのは、ある競技会のショートホールで、手前のバンカーからホームランして向こうのバンカーに入り、そこからも出ないで行ったり来たりを繰り返し、結局スコアは7だったといいます。恥ずかしくてもうやめて帰ろうかと思ったそうです。バンカーを逃げて歩く時代が三年ほど続き、バンカーのなかでボールをみることが怖くてしかたがありませんでした。発想の転換をし、寄せようと思わず、とにかく脱出するにはどうしたらいいかだけを考え、左足体重にしてボールをみるのは怖いので、ボールの10センチ手前の砂だけをみて、そこに打ち

試合のたびに脂汗を流すような苦闘の連続でした。
ooo

込むようにしているそうです。猛練習をしてみたが、練習のときには、遠くでも近くでも、転がすのでもスピンをかけるのでも、どんなやり方でも寄せられるのに、本番の競技になると出すのがやっとになってしまう状態が続きましたが、最近はライが良く、きれいで硬めの砂の場合は、普通のアプローチと同じように打てばよいので、精神的なプレッシャーが軽く感じられ、八〇%くらいは寄せられるようになってきました。柔らかくて重い砂の場合は難しく、出すのがやっとの状態が続いているそうです。

この方がインタビューの最後にぽつりといいました、「私のゴルフは試合のたびに脂汗を流すような苦闘の連続でした」。

この方は私の憧れのプレイヤーで、いつも競技会の予選を悠々と通過し、日の当たる道を歩いているように思っていたのです。その方でさえこんなに苦しんでいるのかと本当に驚きました。私もパターを打ちにくいことがあっても、何とかして克服して頑張っていこうと、決意を新たにしました。

尾崎建夫プロもイップスに悩んだ

今回いろいろなタイプのイップスの例をあげるために、多くの方にインタビューしました。しかしながら、アマチュアの初心者にはあまりイップスで悩んでいる方はいらっしゃいませんでした。自分のパターが入らなくてもそんなものだと思っていますし、またパターが下手なことを悩むほどゴルフに興味がないプレイヤーは、イップスとは無縁なのです。もし初めてのコンペで優勝争いをして緊張のあまりパターをミスしても、コンペ後の会のスピーチで「今回は緊張して優勝を逃しました。次回は頑張ります」で終わってしまうからです。しかし、プロやトップアマチュアたちはそうはいきません。緊張しようとしまいと、常に良いプレイをしないといけないからです。

日本の有名なプロでは尾崎建夫プロが、イップスに苦しみながらもフジサンケイクラシックに優勝し、『ゴルフダイジェスト』誌でそのときの様子を語っています。

フジサンケイクラシック最終日、13番パー4。たった30センチのパーパットをにらみつけたまま、尾崎建夫プロはキャディに向かって真顔で聞いたといいます、「おい、これはどうやったら入れられるんだ」。ここに、イップスの恐ろしさが生々しく表現されています。これは、イップスに陥ったことのある者にしかわからない感覚でしょう。練習では目をつぶって打っても入れられる距離なのですが、イップスに痛めつけられている者にとっては、30センチの距離は永遠に思えるものなのです。頭では何でもないとわかっていても、手が頭からの指令に反応しないのだからしかたがない、途方にくれてしまうのです。

尾崎建夫プロは黙ってアドレスに入った。手は細かく震えている。それでも手を無理に後ろに引こうとした。と、その瞬間、尾崎建夫プロの顔が苦悩にゆがんだ。手が自分の意志以上に過剰に反応してしまったのだ。球はカップをなめただけで大きくオーバーしてしまった。次の14番は1メートルのバーディーチャンスを外した。15番では10メートルものバーディーパットを決めたのに、16番では1メートルのバーディーが入らない。17

番は80センチのパーパットを打ちそこない、気が遠くなるようだったと述べています。その後18番を何とか2パットで収めて、七年ぶりの優勝を手にしています。

練習すればするほど悪化する

イップスというものの概念、またその恐ろしさを、大筋でご理解いただけたでしょうか。

イップスの怖いところは、手が頭からの指令に従わないことです。脳の病気をしない限り、死ぬまで身体は脳の指令に従うものです。脳出血や脳梗塞、脳腫瘍などの病気になった場合は、指令を出す部分が障害を受けるので身体が動かなくなるのです。ところがイップスの場合には、ショートパットのときだけ手が脳の指令に従わず、反乱を起こすのです。これは、赤ん坊が脳の発達や手の動かし方が未熟なためにミルクをこぼすのとは訳が違います。十分にパットを打つことに慣れた大人が、目をつぶっても打てば入る1メートルの距離のパットを入れられなく

なるのです。しかも本当に怖いことに、練習すればするほど、努力すればするほど悪化してしまうのです。ショットが悪ければ練習すればよいし、飛距離が落ちたならば身体を鍛えればよい。努力すればある程度の効果があり報われるところにゴルフのスポーツとしての楽しみが見出せるのですが、イップスだけは通常の練習は無意味なのです。これでは、イップスに陥ったアマチュアがゴルフをやめようかと思うのも、無理のないことではないでしょうか。

インタビューしたあるアマチュアが寂しそうにつぶやいていました、「先生、実は僕はもうゴルフをやめようと思っている。僕はゴルフをやるような人間ではないのではないかと思う。手は動かないし。僕はゴルフのことを好きでも、ゴルフのほうで僕のことを嫌いなようだから…」。

第Ⅱ章
日本におけるイップスの実態調査

では、第Ⅰ章で述べたようなことが日本では一般的にどのくらいの割合でどのように起こっているのでしょうか。

ちょうど、私の所属するゴルフコースで関東アマチュア選手権競技の決勝大会が開かれたので、ＫＧＡの許可を得て、それに参加した一五六名の選手に次ページのようなアンケートをとってみました。

アンケートにみるイップスの実態

回答は五十七名からあり、回答率は三七％でした。トップアマチュアを選んだのは、普通のアマチュアの手本であり、ゴルフに関しては普通のアマチュアよりも多くのことを経験しているると思われるからです。しかしながら母集団としてはやはり多少偏っており、回答率が低かったため、統計的な手法はとることができず、今回の結果はすべて、そのような傾向を認めるという程度にとどめておいてください。

【年齢】（表１）　年齢はやはり、ゴルファーとして脂がのりき

質　問

●次の質問に答えて、＿＿に具体的な答えを書いてください。選択肢のある質問の場合は、どちらかに○をつけてください。

1）年齢＿＿＿＿＿

2）ハンデキャップ＿＿＿＿＿

3）ゴルフ歴＿＿＿＿＿

4）緊張のために手がうまく動かなかったことがありますか。

　ある　　ない

●「ある」に○をつけた方は、以下の質問に答えてください。

5）それは何歳くらいから始まりましたか。＿＿＿＿＿歳

　●そのとき、ハンデキャップはいくつでしたか。＿＿＿＿＿

　●何かきっかけはありましたか。　特になし　　あり＿＿＿＿＿

　●どのくらい続きましたか。＿＿年間　　現在まで

6）どのように対処しましたか。できるだけ具体的に書いてください

　●打ち方（クロスハンドなど）＿＿＿＿＿

　●道具（長尺パターなど）＿＿＿＿＿

　●その他＿＿＿＿＿

　●まだ対処できていない

7）自分がイップスであることを誰かに相談しましたか。

　ゴルフ仲間　　ゴルフのプロ　　その他（例：カウンセラーなど）＿＿＿＿＿

8）緊張したときにうまく動かなくなるのは、右手ですか、左手ですか。

　右手　　左手　　両手

9）どのように動かなくなりますか。

　筋肉がかたくなり打てなくなる

　筋肉が痙攣してカツンと強く打ってしまう

　その他＿＿＿＿＿

10）次のようなパット以外のクラブでも同様のことが起きますか。起きたことのあるクラブに○をつけてください。

　ドライバー　　アイアン　　アプローチ　　バンカー

11）あなたは普段、人前で緊張しやすい、いわゆる“あがり症”ですか。

　はい　　いいえ

12）自分の性格を考えて、当てはまるものに○をつけてください。

　社交的　　社交性に乏しい　　外向的　　内向的　　陽気　　陰気

　まじめ　　不まじめ　　几帳面　　情にもろい　　神経質　　負けん気が強い

　闘争心が強い　　対人関係に気を使う

13）この症状のために、もうゴルフをやめてしまおうと思ったことがありますか。

　ある　　ない　　その他＿＿＿＿＿

表1　年　　齢

年齢	10代	20代	30代	40代	50代	60代
人数	1	4	21	14	15	2

表2　ハンデキャップ

ハンデキャップ	4以上	3	2	1	0	＋1	＋2
人数	3	6	7	14	14	6	5

表3　ゴルフ歴

年数	10年以下	10～20年	20年以上
人数	5	15	30

表4　イップスが始まった年齢

年齢	10代	20代	30代	40代	50代
人数	3	10	9	7	2

った三十代から五十代の人が圧倒的に多いようです。

【ハンデキャップ】（表2）０と１が多く、さすがにトップアマチュアです。

【ゴルフ歴】（表3）二十年以上の人が圧倒的に多く、比較的若くて出場している人も、ジュニア時代からゴルフをしてきたことを示しています。

【イップスが始まった年齢】（表4）

イップスとは、年をとることによる視力の衰え、あるいは乱視のために目から入る情報が実際とは少しずつ異なり、そこからくる不安感が試合の緊張によりいっそう強化されて手が思うように動かなくなるのでは

表5　イップスの始まるまでのゴルフ歴

ゴルフ歴	5年以内	5〜10年	11〜20年	20年以上
人数	9	6	11	6

表6　イップスの始まったときのハンデキャップ

ハンデキャップ	5以上	4	3	2	1	0	+1以上
人数	3	6	7	14	14	6	5

ないか、と漠然と考えて出した質問でしたが、案に相違して、各年代間にはっきりした差は認められませんでした。

【イップスの始まるまでのゴルフ歴】（表5）

イップスは、長い間大事なパットを外し続けた悪いイメージが蓄積され、不安感が生じた結果起こるのではないかと考え、経験年数が多いほどイップスが多く生じてくるのではないかと思って出した質問項目でしたが、結果からは、ゴルフ歴とイップスの間には相関関係は認められませんでした。

【イップスが始まったときのハンデキャップ】（表6）

1打の重みを感じるハンデキャップ6〜9ぐらいからイップスが始まってくるのではないかと考えていましたが、各ハンデキャップ間に差はなく、イップスが起こりやすいハンデキャップというものは認められませんでした。しかし後で述べるように1打の重みを感じて入れよう入れようとすることから起こってくることは間違いないので、各人が1打の重みをいつから感じるかにかかっているのでしょう。

【イップスになった経験の有無】（表7）

表7　イップスになった経験の有無

有	無
38	19

回答のあった五十七名のうち、三十八名がイップスになった経験があると答えています。実に七割近くの選手が、競技を通じて現在の腕前になるまでにイップスで苦しんでいるのです。しかも、表9に示しているように、そのうちの十二名、約二割の選手は今現在もイップスに悩まされているのです。もう一度繰り返しますが、今回の調査の対象となった選手たちは、一般のアマチュアではありません。ラフを伸ばし、グリーンをかたくし、ピンポジションを難しくした各地の予選会場を、2オーバーから4オーバーで回って勝ち抜いてきた、イップスとは全く無縁に思えるようなトップアマチュアたちです。その彼らでさえ、実はひそかにこれだけ苦しんでいるのです。やっとカップまで届くような弱々しいパットしか打てない震える手、こわばる筋肉をもちながら、必死で他のアプローチやショットを磨き、戦ってきたのでしょう。同じアマチュアゴルファーとして、頭が下がる思いです。

このトップアマチュアたちのなかでさえ、これだけ多くのイップスの経験者がいるのだから、予選に落ちたプレイヤーや、ハンデキャップが条件を満たさなかったために予選に出場できなかったプレイヤーのなかには、より多くのイップスの経験者や、現在イップスのために成績が悪くなってしまっている人たちがいるに違いないと考えるのは、考えすぎでしょうか。

今後、時間があれば、一般のアマチュアの方にアンケートをとってみたいと考えています。そのときには、「ドライバーが人より飛ぶほうですか」という質問項目を付け加えたいと思っています。これは私の独断ですが、イップスというものの形成にドライバーが人より飛ぶということが関与しているのではないか、とひそかに思っているからです。ドライバーが人より飛ぶと、「うわー、すごいショットだな。さぞかしうまい人なんだろうな。次のこんなアプローチやパットは簡単に沈めるに違いない」と、本人の実力以上のプレイを期待されてしまうからです。実力以上のプレイを期待されるということは、逆にいえばミスする可能性が高いということです。一度ミスすると、またミスしたらどうしようという不安感、つまり予期不安が高まり、必要以上に緊張してしまうことになり、イップスに陥ってしまう

表8　イップスになったきっかけの有無

有	無
38	19

のです。
この質問項目を今回の調査で入れなかったのは、トップアマの方は皆、ドライバーが飛ぶのに決まっていると判断したからです。

【イップスになったきっかけの有無】（表8）
ここでは、きっかけとしてあげられた主なものを列挙してみます。

①　プレッシャーによるもの――大きな大会で緊張した／クラブ対抗の選手に選ばれてから／学生対抗から／優勝争いをするようになってから／ワンストロークのプレッシャー／実力以上のパットを打つとき／集中しすぎ

②　イメージによるもの――ファーストパットはいいが返しのパットが入らない／下りのスライスラインが入らない／ミスによる悪いイメージ

やはり過大なプレッシャーと悪いイメージによるものが多いが、なかには仕事のストレスが蓄積したためと、いささか八つ当たり気味の回答もありました。

表9　対処の方法

対処法	打ち方	道具	その他	対処できていない
人数	12	5	7	12

なかに一人だけ、「実力以上のパット（イーグルパットなど）をするとき」と答えた方がいました。全く同感です。実力以上に期待がかかるということは、先に述べたように予期不安を生じるきっかけになるからです。このトップアマのようにイーグルパットとまではいかなくても、一般のアマチュアのなかでも、ボギーパットは入るけれどもパーパットは入らない、あるいはパーパットは入るけれどもバーディーパットは入らない、というようなことを経験された方がいるのではないでしょうか。

【対処の方法】（表9）

●打ち方を変えた

クロスハンドに変えたと答えた人が多いが、肩の五角形をくずさないようにした人や、口を開いて打つ人、グリップを柔らかく握って打つと回答された人がいました

●道　具

パットを何十本も変えている人が多いが、意外に長尺パターに変えた人は少なく数人でした。通常のパットを使用している人でも、素材を重く、おもりをさらに多く貼っていると答えた

人がいました。これはバックスイングに問題のない人で、ゆっくりと振り子のようにスイングしているのでしょう。

●その他

心理面では、深呼吸を繰り返したり、平常心やリラックスを心がけたり、入れよう入れようとせず気持ちを楽にもつ、そして究極的には心の底からあきらめるというのもありました。なかなか難しいことですが、精神療法でいう〝あるがまま〟受け入れることの実践です。誰にも教わらずこの心境に至ったとすれば、なかなかりっぱな人でしょう。

技術的には、自信をもつまで練習するという方が多かったが、まだ軽症の方なのでしょう。少し悪化すると、通常の練習は全く無意味となります。通常の方法では、練習すればするほど悪化するといっても過言ではありません。なぜなら、尾崎プロが外した30センチほどのパットなど、練習では入るに決まっているからです。

なかに一人だけ、夜間暗い芝の上で一定の距離を決めて打つ練習をするという方がおられました。これは、パットをすると

きにカップに入れるというイメージを消し、一定の距離をスイングすることだけに集中する訓練です。昔、ハリー・バートンが考え出したイップスの克服に有効な方法です。ぜひ覚えておいていただきたい。これも、もしご自分で考えられたのなら、たいしたものだと思います。

【相談した相手】（表10）

万が一、自分がイップスになってしまったとき、どのようにしたらいいのか、誰に相談したら適切なアドバイスが得られるのか、全くわからないのが現状です。しかたなくゴルフ仲間に「実はイップスになってしまってね。何か良い方法はない？」と小さな声で相談している様子が目に浮かびます。これは、よほど信頼している相手でない限り、してはいけないことです。ゴルフ仲間というのは、仲間であると同時にライバルでもあるので、簡単なショートパットでさえもオーケーしてくれなくなるし、悪気はなくても「あいつ、また外すぞ」という無言の圧迫が加わり、陰の期待の場ができあがってしまうからです。

【うまく動かない手はどちらか】（表11）

表10　相談した相手

相談相手	ゴルフ仲間	ゴルフのプロ	カウンセラーなど
人数	24	2	2

表11　うまく動かない手はどちらか

右手	左手	両手
10	6	18

表12　動かないときはどのようになるか

身体がかたくなりしびれて打てない	筋肉が痙攣して強く打ってしまう	その他
19	19	0

やはり、右利きの人が多いので、利き腕の障害のほうが多いようです。両手と答えている人が多いのは、手先の問題ではなくもっと中枢の問題ととらえている人が多いためでしょう。

【動かないときはどのようになるか】（表12）

イップスという名称でひとまとめにされていますが、実は二つのタイプがあるのだろうと思っているので、このような質問項目を入れてみました。一つは緊張のあまり身体がしびれてかたくなり、カップまで届かないような弱々しい球しか打てなくなるタイプで、「しびれタイプ」とでも呼ぶことにします。二つ目は、手が不随運動のように自分の意図と関係なく勝手に動いてしまい、これはカツンとはるかに強く打って

表13　パット以外のクラブでも同様のことが起こるか

ドライバー	アイアン	アプローチ	バンカー
4	4	15	2

表14　イップスと日常生活でのあがり症の関係

イップスの経験があり、あがり症でもある	イップスの経験はあるが、あがり症ではない	イップスの経験はないが、あがり症である	イップスの経験はなく、あがり症でもない
12	23	6	6

しまうタイプで、「痙攣タイプ」と呼ぶことにします。この両者は、成因の違う別なものなのではないかと思っています。本当に重症に陥るのは後者のほうであり、パターでの二度打ちや、行ったり来たりを繰り返し、ホールアウトすることさえままならなくなってしまうのです。

【パット以外のクラブでも同様のことが起こるか】（表13）

ドライバーだけイップスという方が二名いました。ティーショットでプレッシャーのかかるホールにくるとクラブが上がらず、下りてもこないでチョロになってしまうといいます。バンカーイップスの方も二名でした。練習のときはいくらでもバンカーから寄せられるのですが、試合になると、身体が震えて、出すだけになってしまうといいます。

【イップスと日常生活でのあがり症との関係】（表14）

これはおもしろい結果が出たと思います。従来イップスになりやすい人というのは、緊張しやすくあがりやす

表15　性格との関係
（イップスの経験ありと答えた人の性格傾向）

社交的	外向的	陽気	まじめ	几帳面	情にもろい
17	7	12	17	10	15
負けん気	闘争心	対人関係に気を使う			神経質
18	13	24			9

いタイプの人といわれてきましたが、今回の結果では、圧倒的に普段あがり症でない人がイップスになっているのです。

【性格との関係】（表15）

従来イップスになりやすい性格とは、神経質な人、つまり几帳面で内向的、まじめで、人とあまり接しないタイプといわれてきましたが、これもまた違う結果が出てしまいました。このアンケートからは、社交的で、まじめで、負けん気が強く、対人関係に気を使うというタイプの人がイップスになっているようです。

こんな人がイップスに…

今回の調査をするにあたり、イップスの原因や起こり方を自分なりにある程度予測してこのアンケートをつくったのですが、結果は予想とは大分異なるものとなりました。

イップスは、年をとることによる視力の衰え、あるいは乱視のために目から入る情報が実際とは異なり、そこからくる不安感が試合の緊張によりいっそう強化されて手が思うように動かなくなるのだとか、長い間大事なパットを外し続けた悪いイメージが蓄積され不安感が生じた結果起こるものだ、などと考えていたので、身体や視力の衰える四十代後半、あるいはハンデキャップでいえば1打の重みを痛感する6~9くらいから起こってくるものと思っていましたが、実際は異なっていました。イップスになりやすい年齢や経験年数、ハンデキャップというようなものはないようです。

次に、あがり症との関係をみてみると、これも精神科の常識とは異なり、イップスの経験がある方はほとんど日常生活であがって困ることがないようです。逆に普段あがり症で困っているような人はむしろ、イップスになる確率が低いのです。

性格との関係でいえば、イップスになった経験がある人は社交的で陽気、まじめ、情にもろく、負けん気、闘争心が強い、そして対人関係に気を使うという傾向が認められます。わかりやすくいえば、イップスになりやすい人物像とは、明るく社交的で、ゴルフに対してまじめに取り組み、仲間とグループを組

みやすく、ゴルフ場ではむしろずうずうしく思われるほど自信と闘争心にあふれ、あいつは緊張することがあるのだろうかと思われているようなタイプです。さらに独断ですが、先に述べたような理由で、イップスになりやすい人というところに、ドライバーが飛ぶことという項目を付け加えたいと思います。

逆にイップスになりにくい人物像とは、内向的で人とあまり交わらず、普段は神経質で緊張しやすいタイプです。イップスになった経験があると答えた人の実に七割近くが対人関係に気を使うと答えていることは、特記すべきことと思います。イップスというものが人間関係の狭間で起こってきていることを示唆しています。

つまり彼らは試合だから緊張するのではなく、「こんな簡単なパット、まさか外さないだろうな」と周囲に期待され、また「こんなの外したらみっともないから入れなきゃ」と、自分を「入れなきゃ、入れなきゃ」と追い込むことで、緊張するのです。そして、手が震えビビッている自分に気がつき、他のことでは何でもないのにまさか自分がこんなことになるなんてと、どんどん泥沼にはまっていくのです。

　イップスになりかけの場合、あるいはまだ軽症の場合の治療の第一歩は、自分の手が震えてうまくパットが打てないことを周囲のゴルフ仲間にいわないことです。ゴルフ仲間はたいていの場合、ある意味でライバルなので、自分がイップスであることを打ち明けた途端に、次のパットからは短いパットのたびごとに「あいつまた外すぞ」と陰の期待をもってみられ、自分も「嫌だなー、また外したらどうしよう」と予期不安をもつことになるのです。実際問題として、このような陰の期待の場に入り、予期不安をつのらせながら正常にパットをすることは不可能に近いことなので、周囲の期待どおりにパットを外してしまうのです。この悪循環に陥るのを防ぐために、決して周囲に安易に自分の弱みを打ち明けてはいけないのです。そして常日頃から折に触れて、自分の得意クラブはパターだとか、パターだけは自信があるなどと、仲間にいいふらしましょう。何とかして自分にとってプラスとなるような場を形成し、自分にとっても周囲に対しても、いいイメージをつくりあげましょう。

簡単に、今回のアンケートの結果をまとめると次のようになります。

●イップスは加齢とは関係がない。
●イップスは通常のあがり症とは異なる。
●次のような人がイップスになりやすい傾向にある。
社交的／陽気／まじめ／負けん気／闘争心が強い／情にもろい／対人関係に気を使う／ドライバーが飛ぶ（ショットがいい）
●次のような人がイップスになりにくい傾向にある。
内向的／神経質／普段人とあまり交わらない
●回答のあった五十七名のうち七割近くの人がイップスになった経験があり、現在のところ経験がない人でも、前記のなりやすい性格傾向をもった人は今後なる確率が高い。
●イップスになった際に相談する専門家がなく、ゴルフ仲間に相談している。

今までいわれてきたイップスというものの常識とは異なる結果が出てしまいましたが、どうか自分のまわりにいるイップスで悩んでいるゴルファーの人物像を頭に描いてください。その人はドライバーが飛ぶのではないでしょうか、社交的で、まじめで、負けん気が強く、対人関係に気を使うのではないでしょうか。どうでしょうか。むしろ、今回のアンケート結果のほうが、皆さんのまわりにいるイップスの方の実像をよく表しているのではないでしょうか。

これらの結果からすれば、イップスになりやすい人とは、度胸がない人でも、臆病な人でもなく、むしろ社会で通用する立派な人たちなのではないでしょうか。したがって皆さんのゴルフ仲間がイップスになったとしても、決してからかったりしないようにしてください。

タイガー・ウッズだってイップスに？

これは私の個人的な考えですが、イップスになりやすいプロ

をイメージした場合、いちばん最初に出てくるプロはあのタイガー・ウッズです。ドライバーが人よりはるかに飛び、アイアンショットがピンにからみ、負けん気が強く、自信と闘争心にあふれているところなど、イップスになりやすい人物像にぴったりあてはまります。タイガー・ウッズは将来、イップスに陥る危険性が高いといっていいでしょう。あるいはもうすでに陥っているのかもしれません。プロになって二年目のシーズン、絶対にショートしないといわれていたあの強気のパットが影をひそめ、カップから外れる弱々しい球しか打てず、パットの不調を訴えていました。手首の使いすぎを直したり、近視の手術を受けたりといろいろと悩んでいたようでした。あるいはイップスの危険な兆候だったのかもしれません。

私の知人に、ときどきゴルフを教えてくださるあるシャフトメーカーの社長、Yさんがいます。Yさんは日本のみならずアメリカにもシャフトを輸出している関係上、向こうのツアープロにシャフトを提供し、自分も渡米してトーナメントに同行し、ツアープロから直接最新の技術や道具に関する知識を教わって帰ってきます。この方のいいところは、その最新の知識を、聞かれるままに誰にでも気軽に親切に教えてくれるところです。

このYさんに、ラウンド中の雑談として、タイガー・ウッズがイップスになりやすいタイプであると思っていることを話したところ、ツアーにイップス対策として精神科医が同行しているのはよくみかけるとのことでした。Yさんは筋力トレーニングするフィットネスカーがツアーに同行しているのと同じように、ツアーで精神科医を雇って同行させ、選手は無料で相談できるものと思っていたようですが、アメリカの精神科医は高給とりだし、自分のオフィスもあるでしょうから、これは少し考えられないことだと思います。たぶん選手の誰かがプライベートに精神科医を雇って同行させていたのでしょう。

余談ですが、Yさんについてはこんな話もあります。

Yさんが、「アメリカのツアープロに支給しているクラブのヘッドやシャフトはアマチュアに支給している機械でつくるものとはまるで違い、専門の職人が特別の材質でつくるすばらしいもので、向こうでもうんと評判がいいんだ。」とあまりに自慢す

るものですから、それを聞いていたゴルフ仲間三人はすっかり欲しくなり、特別注文することにしました。カーボンシャフトのアイアンワンセットで通常の約四倍の値段でしたが、アメリカのツアープロに支給しているものと全く同じという条件で注文しました。アメリカのツアープロが使用しているものと全く同じクラブを特別に使えるなんて、アマチュアゴルファーの夢ではないでしょうか。「じゃあ、ツアープロにつくる合間につくってあげるから少し遅くなるよ」なんて勿体をつけて渋々ながらも、Ｙさんは次の渡米のときに向こうの工場から直接もってきてくれることを約束してくれたのです。遠足に行く前の小学生のようにわくわくしながら、一日千秋の思いで待っていました。

　約二カ月後、「もってきたから、ゴルフ場のロッカーに入れておいたよ」とＹさんから連絡があったので、次の日曜日、自分のアイアンセットは家において喜び勇んでゴルフ場に向かったのです。そのまま試打もせずに、憧れのアメリカのツアープロと同じ仕様のクラブをもってラウンドに出たのですが、どうも何となくうまくいかないのです。具体的にいえば、重く、ひっかかり、しかも飛ばないのです。9番アイアンでようやく100ヤード、ピッチングで80〜90ヤードしか飛びません。早速、帰りにゴルフショップに寄り調べてもらったところ、カーボンシャフトなのにスチールシャフトよりも重いのです。標準的な日本のクラブに比べて、ライ角は3度ほどアップライトで、ロフトは3度ほど寝ていました。つまり8番アイアンが9番アイアンくらいのロフトで、9番アイアンがピッチングくらいのロフトなのです。

後日、Yさんに確認したところ、向こうのツアープロはアイアンに軽量化を求めておらず、ボールを打ったときのフィーリングと正確性からカーボンシャフトを選んでいるので、当然重たくなるのだそうです。体格も大きいのでクラブがアップライトなのは当たり前だし、かたくて止まらないグリーンを真上から攻めるために、高い玉が出るようにロフトは寝ているのだそうです。それでもこのクラブを使って、向こうのプロは9番アイアンで140ヤードくらいを、強振せずコンスタントに打ってくるそうです。改めてアメリカのツアープロの体力に感心した次第です。

クラブはヘッドの材質がかたいためにライ角やロフトの調整がきかず、今でも家の倉庫に眠ったままです。ツアープロと全く同じものをとかたく念を押して注文したのですから、文句のいいようがありません。

アメリカの精神医療事情とカウンセリング

アメリカの精神医療は、日本やヨーロッパの精神医療とは異なり一種独特で、精神分析療法を主体としています。精神分析療法は、自由連想法や夢の解釈などによって、無意識に抑圧されている欲求を探り、これを意識にのぼらせて洞察させることによって疾患の治療を試みるものです。自由連想法は、精神科医のいる部屋で長椅子やベッドに横になり、自由に思いつくままに患者に語らせ、無意識のなかにある病根を探る方法です。夢の解釈は、患者が話す夢の物語のなかに患者の過去の体験や

無意識的な願望が含まれているので、これを解釈することによって患者の心の奥深くにある欲求を探り出し、患者に知らせることで治療していく方法です。普通一時間から二時間の時間を要します。アメリカではあまりに個人主義が行きすぎているために他人に心を開くことができず、精神分析医に頼るのです。日本の保険医療制度のなかでは、何時間患者さんの診療をしようと三千四百円と決められているため、時間がかかりすぎるこの方法は制度的にも日本にはなじみにくいのです。アメリカでは自由診療のため、一時間あたり数万円から、腕の良い精神科医なら数十万円とることができます。道で顔見知りの精神科医に出会った近所の奥さんが、雨が降りそうになってきた空を指して、「こんなに空が暗くなると、心まで憂うつになって嫌ですね」と挨拶すると、「本当にそうですね」と相づちを打った精神科医が後でカウンセリングの請求書を送ってきたという小話があるくらい、カウンセリングは日常的なものです。悩みを抱えた人が相談にいくというくらいの軽い気持ちで行くところと考えたらいいでしょうか。

したがってアメリカでは、プライベートに専属の精神科医を雇うということは恥ずかしいことではなく、金持ちであることの証明であり、一種のステータスとなっています。

最近のアメリカの映画『アナライズ・ミー』（「私を分析して」とでも訳すのでしょうか）のなかで、ロバート・デ・ニーロ扮するギャングの大親分がパニック障害となり、プライベートに精神分析医を雇い、ギャングの集会や悪事に同行させ、最後には子どもの頃の父親との関係に問題があると分析されたというのは大変おもしろく、また向こうの金持ちと精神分析医との関係がよく表現されていると思います。

このようなアメリカの精神医療事情を考えれば、タイガー・ウッズを支える〝チームタイガー〟のなかに、もうすでにプライベートに雇われた精神科医が含まれていてもおかしくはないでしょう。Yさんはそんなことは当たり前のことだと話していましたし、タイガーを支えるナイキのメンバーは、タイガーが毎日ラウンドで着る洋服と同じ色の服を着てタイガーを盛り上げるほど、団結力を誇示しているそうです。

最後の章の「治療と対策」で、Yさんが向こうの精神科医から教わってきたイップス対策のグリップを紹介しましょう。

第Ⅲ章

イップスの本態

―精神医学的・生理学的考察―

精神医学的考察

精神医学的には、イップスは不安障害であり、中心となる症状は不安であり身体症状を伴います。身体症状は自律神経症状が主体です。

ドライバーが飛ぶことにより、「うまい人だな。アプローチやパットもうまいんだろうな」と実力以上の期待がかかり、簡単に入れて当然と思われるパターを何かの拍子にポロッと外すことにより、次は入れなければいけないと思い、同時にまた外したらどうしようと思いだす。次のパットに対する予期不安を抱くようになり、不安感が高まり、緊張状態となり、心臓がドキドキし、手が震えるようになります。つい「イップスになってしまったみたい」と周囲に対して弱音を吐き、それにより「あいつ、また外すぞ」と、次からは周囲に期待されるようになり、よりいっそう緊張感が高まる、という悪循環ができあがるのです。簡単にいえば、このような心的メカニズムです。

精神医学の分野では、ゴルフは遊びと思われているのか、イップスについて調査した論文は、ここ十年間、日本では全く発表されていません。海外では、十年間でわずかに二件が報告されています。一件はイップスを精神病理学的に調べており、二十名のイップスのゴルファーと、二十名の正常なゴルファーとの間に精神病理学的な違いは認められず、またより重度のイップスの患者と、中くらいの重さのイップスの患者との間にも、違いは認めないというものです。これをわかりやすくいえば、イップスの患者には、精神的に普通の人と違っていたり偏ったりしているところはなかったということです。他の一件は、イップスの患者の腕の筋肉を電気生理学的に調べており、通常の状態の場合、イップスの患者の腕の筋肉の動きに異常はなかったというものです。ごく当たり前のことではないでしょうか。

◆アーチェリー、射撃でのイップス現象

では、他のスポーツには、イップスのような現象は起こらないのでしょうか。ゴルフのパターと同じように身体を静止させ

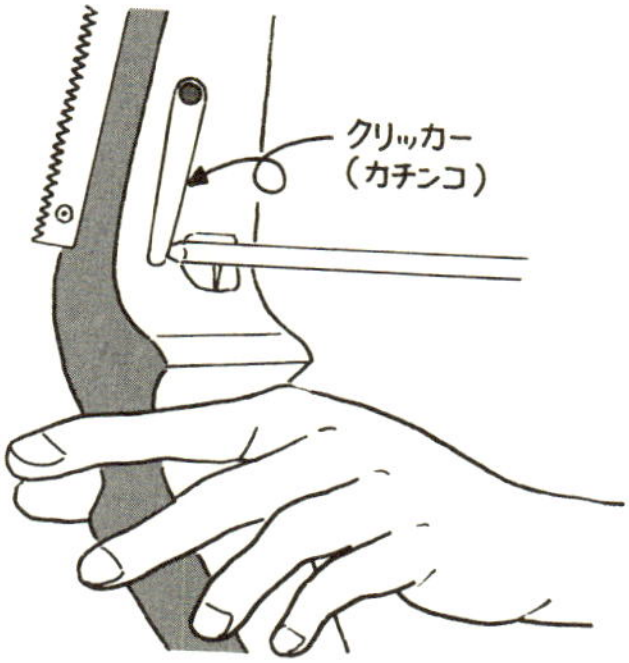

て静かに的を狙うゲームである、アーチェリーと射撃について調べてみました。私は、両方とも競技の経験がないので、それぞれの元オリンピック候補選手に話を聞いてみました。

アーチェリーにおいては、「はやけ」と呼ばれる状態が起こり、ターゲットをみると早く打ちたい、早く終わらせたいという心理状態になり、弓をいっぱいに引く前に打ってしまうそうです。最近では、「ターゲットパニック」とも呼ばれているようですが、非常に頻度が高く、ほとんどの選手がこの状態を経験し、アーチェリー競技は「はやけ」との闘いだといっても過言ではないという話でした。しかし、上体の筋肉を大きく使って弓を引くという動作があるせいか、ゴルフのパターのイップスとは微妙に異なり、手の痙攣などはなく、純粋に心理的な問題のようです。どちらかというと、十分に肩が回って手がトップの位置に行く前に打ちにいってチョロしてしまう、ドライバーのイップスに近いでしょうか。

対策として、クリッカー、またはカチンコと呼ばれる道具を使ってなおします。これは、矢をばねのついた板状のもので挟

み、弓をいっぱいに引き絞ったときに、カチンという音が出るようにして、その音がしてから矢を放すようにする練習道具だそうです。

心理面では、イメージトレーニングが主体なようですが、なかには癇癪を起こして、先に丸い玉をつけた練習用の矢をつがえたまま選手同士を向かい合わせ、いっぱいに弓を引いては緩めるという練習をさせた鬼コーチもいたそうです。パニックを起こしたり、はやけを起こしたりして手を放してしまえば、相手を傷つけてしまうという、試合よりも過大なプレッシャーがかかる究極の練習方法ですが、もし今同じことをしたら大変な問題となるでしょう。

射撃においては、緊張感のなかで身体を静止させ、銃を目標に向けて狙いを定めて、静かに引き金を引くという動作のためか、ゴルフのイップスに近い状態があるようです。「フリッチング」と呼ばれ、銃が揺れる状態を示すそうです。ライフル射撃では、遠くの目標を狙うわけですから、目標はスコープのなかで静止するわけではなく小さく揺れるそうです。その揺れに応

じて目標とスコープの十字線がぴたりと重なった瞬間に、引き金をそっと絞るように引くそうです。したがって、銃の引き金は軽く触るだけで落ちるようになっているのですが、緊張のあまり身体に力が入ってしまい、「ガク引き」と呼ばれるような力をこめて引き金を引く動作のために銃が揺れて的を外してしまったり、指が震えたりこわばったりするために、スムーズに引き金が引けず、的と銃のスコープの十字線が重なった瞬間を逃してしまうような状態を総称して、「フリッチング」というそうです。

対策としては、イメージトレーニングでセルフコントロールすることを学ぶ以外にはないそうです。

◆職業攣縮の実態は?

スポーツ以外でも、さまざまな職業でイップスは起こっており、それらに関してはさまざまな研究がなされています。

例えば書痙（writers' cramp）は、書字動作において誘発される異常運動であり、鉛筆、ボールペンなどをもって字を書こうとすると、前腕、手首、手指に異常な筋活動が生じ、運動動作が障害される疾患です。同じ手を用いる動作でも書字以外の動作では全く異常がないのが普通で、局所性ジストニアと定義されています。また、書字以外の動作、例えばタイプを打つときや、ピアノやギターなどの楽器を演奏するときに限って動作が障害されるものは、それぞれタイピスト攣縮（typists' cramp）、楽器演奏者攣縮（musicians' cramp）などと呼ばれていて、これらはまとめて職業攣縮（occupational cramp）と呼ばれています。

書痙は、字を書く手を反対にすると（つまり右手で字を書いていた人が左手で書くようにすると）異常運動が出現しないことが知られていますが、二五％の症例においては逆の手においても障害が出現することが報告されています。

ゴルフにおいても、日常動作やショートパット以外のショットは障害されないなどの動作特異性があることや、逆の手、つまりクロスハンドグリップにするとイップスが起きにくいことなどから、イップスのうちで手が痙攣したように勝手に動き、強く打ってしまうようなタイプは、ゴルファー攣縮（golfers' cramp)、局所性ジストニアと呼んでもいいでしょう。

◆精神科医としての関わり方

精神医学の分野の研究は、他の医学の分野の研究に比べて大変遅れており、残念ながらこれらの原因についてもはっきりとは解明されていません。これは、精神科の医者が、ばかばかりなせいでも、怠け者ばかりなせいでもなく、実験ができないからです。

他の科では、生検といって、患者さんの身体に針を刺したり、内視鏡を使ったりして病気の組織を少しとってきて、それを培養し、顕微鏡で調べたり、薬の効き目をみたりすることができるのです。ところが、脳は人間の大切な中枢なのでかたい頭の骨に覆われていますし、また一旦損傷を受けるとなかなか再生されないため、いろいろな医学的な研究ができません（最近の研究では、再生させる方法も発見されてきていますが…）。さらに血液脳関門（blood-brain barrier）と呼ばれる関門があり、中枢神経系の毛細血管は他の組織と異なり、物質を透過しにくく

なっています。これは血液中の有毒物質が直接脳に移行することを防いでいるのであり、これによって、さまざまな薬の効果を試すことが難しくなっているのです。

だからといって他の科で行われているように、1~2メートルのパットが入らないからという理由で、生きているうちに頭蓋骨に穴を開け、脳の一部をとってきて顕微鏡でみるわけにはいかないのです。その方が亡くなってから、嘆き悲しむ家族を前にして、生前にパットが入らなかったから脳の解剖をさせてくれと頼むわけにもいきません。

また動物実験しようにも、言葉をしゃべるサルもいなければ、イップスになって簡単な隣の木に飛び移れなくなり、なぜだろうと首をひねるサルもいないのです。

したがって諸説が唱えられており、例えば、パッティングにロボットやさまざまな計測器具をもち込み科学的により良い方法を解明しようとしたデイブ・ペルツは、一九九六年に出版された『パッティングの科学』という本のなかで、イップスの原因について、彼の友人の神経外科医の話として、次のように述べています。

「人間の頭脳は、強いストレスを受けると、本能的にそれに反応するように出来ており、〝安全装置による機能停止〟と呼ばれている。大事故を切り抜けて生き残った人々に後日その事故について質問すると、すべての事故の模様をまるでそれがスローモーションで起こったかのように克明に覚えていた。突っ込んでくるトラックのラジエーターグリルやフロントガラスのひび、運転手の目が恐怖で大きく見開いていたことなどを、はっきりと覚えていた。しかし、衝突に至るまでの過程は記憶していても、衝突そのものは覚えていないのである。〝安全装置による機能停止〟が働いたからである。頭脳は、心臓がこれから発生する事故のショックに耐えられないことを感じ取るので、事故が発生する直前に頭脳の機能を停止してしまうのである。言いかえれば意識を失うのである。ゴルフでも、ショートパットのミスが非常に怖くなると、通常は重大な危機と結びついたこの安全装置のメカニズムが働いて、ストローク中のほんの一瞬、プレイヤーは実際に気を失ってしまうのである。ゴルファーの意識不明の時間は、わずか千分の一秒である。通常この瞬間は、インパクトの直前に発生する。プレイヤーがボールを間違って打つ原因となるパターの引っ掛けは、意識不明状態から正気に戻った時に発生する。はっと我に返って動き出すので、両手の小さい筋肉が非常に強く反応し、千分の一秒だけゆるめたパターを握るため収縮するのである」

イップスのプレイヤーは、パットをするたびに意識を失うというのです。ほんとかいなと思うのは、私が精神科医という職業柄、疑り深いせいでしょうか。おもしろい説です。

一般的に、精神科医は患者さんの言葉をそのまま受け止めず、言葉の裏にある真実を探る訓練を受けています。例えば、私が受け持っていた元アルコール依存症の患者さんが、最近アルバイトの仕事先である駐車場の受付に来なくなったというので、担当のケースワーカーとともに自宅を午後一時ごろ訪問しました。「やあ、先生」と赤い目をこすりながら患者さんは玄関に出てきて、我々を家のなかに招き入れました。最近仕事に行かない理由を問うと、「ここのところ風邪気味で体調が悪く、少し寝

込んでいただけだ。冗談じゃないよ。俺はもう酒はやめたんだ。一滴も飲んじゃいないさ。ただ朝、仕事に行く前に飲む紅茶のなかに、香り付けに一滴ブランデーをたらすだけだ」というのです。その患者さんの後ろで、台所をみてきたケースワーカーが小さく首を横に振って、「うそだ」という動作をしていました。後で調べたところ、台所には空のウィスキーのビンが並び、一滴のブランデーというのはウィスキーボトル一本のことであり、その後仕事に行くというのは、ウィスキーのボトルを一本飲んだ後、本格的に飲みにバーへ出かけるということでした。再度、断酒会の治療プログラムに入れたことは、いうまでもありません。

会社の経営が思わしくなく、資金繰りの心労から鬱病を発症し自殺することを心配した家族に連れられて入院した社長さんは、朝の診察のときに明るく笑ってこう言いました。「あっはっは、私が自殺するって？　そんなことするわけないじゃないか。家族にも申し訳ないし、私だってまだまだ人生を楽しみたいいさ」ところがこの社長さんは、前夜他の患者さんが寝静まった後、一人で便所のあたりをうろうろしているところを病棟の看護婦さんに目撃されていたのです。そのことをきっかけに五分ほど問い詰めると、突然わっと男泣きに泣き出しました。単身上京し、会社を興し、頑張って一家の柱としてここまでやってきた。まだまだ人生に未練はあるが、家族に弱みはみせられない、妻にとって強い夫、子供にとって強い父親のままで死なせてくれというのです。思わず目頭が熱くなりましたが、治療者である精神科医が感情に流されてはいけません。自殺の危険が高いため、電気ショック療法を行い、元気になって退院されました。本当に死を覚悟した人は、自殺をほのめかしたりはせず、確実に死ぬために表面上元気なような嘘をつくものなのです。

このような経験を数多く積んでくると、なかなか人の言葉を信用しなくなるのです。

生理学的考察

次に、イップスの生理学的側面を述べます。

◆脳の働きとイップスの関係

人間はストレスにさらされると不安緊張状態となり、交感神経支配優位となります。アドレナリンが多量に分泌され、表16（次ページ）のような作用を人体に及ぼします。

心臓の機能が亢進し、ドキドキと聞こえるほど大きく脈を打つ。末梢の血管が拡張し、そのため顔がカッと赤くなり手足に冷たい汗をかく。呼吸は浅く速くなり、口は乾いてねばねばし、胃がきゅっと締めつけられるような気がする。

大まかにいえば、呼吸、循環機能を亢進させ、消化機能を抑制する。これは、昔、野生の時代に、強敵に遭遇し、一目散に逃げ出したり（逃避）、食料をとるために戦ったり（闘争）するための、体の準備動作、原始反応です（Fight or Flightといわれる反応）。

この原始反応によって、身体は大暴れすることに適した状態におかれているのです。決して沈着冷静にラインを読んで絶妙なパットを沈めるようにはなっていないのです。

しかし、これでは、心臓がどきどきしたり、手が細かく震え

表16　各臓器に対する自律神経の機能

	交感神経
心臓	機能亢進、心拍数、収縮力の増加 冠動脈拡張
瞳孔	瞳孔散大
肺	気管拡張
胃腸	胃液分泌抑制 蠕動運動抑制
血管	骨格筋、冠動脈で拡張 皮膚、粘膜で収縮
皮膚　汗腺 　　　立毛筋	分泌促進 収縮
小腸、大腸	分泌抑制 蠕動抑制
膀胱	括約筋収縮

たりすることの説明にはなっても、手が痙攣したように動くことの説明にはならないのです。表からわかるように、アドレナリンは骨格筋、つまり手の筋肉には影響を及ぼさないからです。

　では、なぜ緊張すると手が痙攣したように勝手に動き、カツンと強く打ってしまうのでしょう。これにはもう少し、脳の上部中枢を含んだ説明が必要になります。

　デイブ・ペルツがあれだけ大胆な仮説を述べているのだから、私も思いきって仮説を述べてみます。

　脳のなかに、大脳辺縁系というところがあります。辺縁系は視床下部とともに本能行動を調節し、情動を

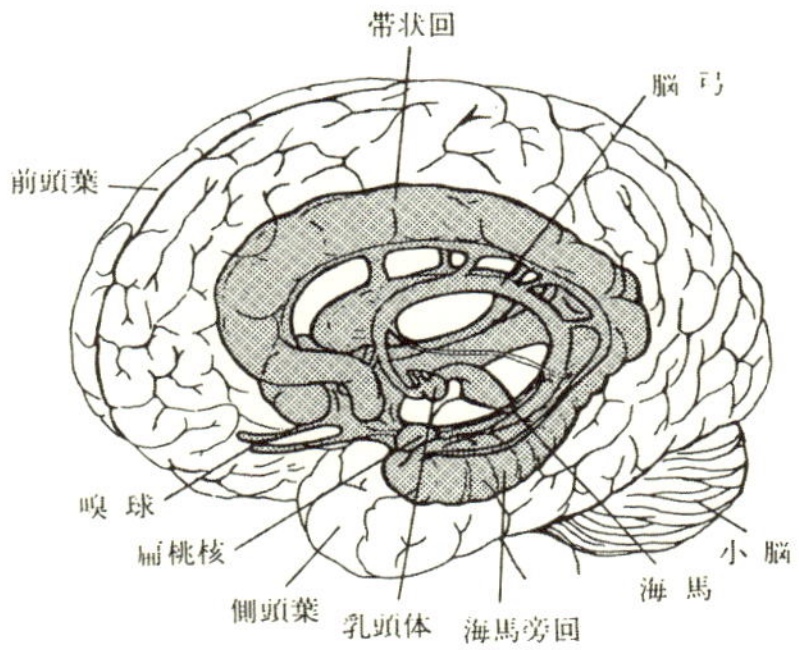

形成しています。辺縁系は、帯状回、海馬傍回、歯状回、透明中核、海馬、扁桃核からなっていて、海馬およびその周辺は記憶に関係するところです。したがって非常に強いストレスを受けると、ここが障害されて、逆行性の健忘が起こるのです。少し難しい言葉が並んでしまいましたが、大脳辺縁系というところが緊張と関係の深いところだということを覚えておいてください。

生理学の分野において、哺乳動物の辺縁系が一定の電気刺激を繰り返し受けていると、身体の一部に痙攣が起こるようになり、さらに頻繁に電気刺激を続けると、ついには全身の痙攣が起こるようになるという現象が知られています。この効果を燃え上がり現象（Kindlingphenomenon）といい、これは永続的です。脳内に刺激を反復すると、神経回路の再構成が起こるためであり、一年後の刺激でも全身の痙攣が生じる、多シナプス性の閉鎖回路が形成されるためと考えられています。

ゴルフのイップスの原因説として、大変わかりやすく納得がいくのではないでしょうか。ショートパットを毎回緊張して沈めているうちに、そのストレスが大脳辺縁系を刺激し、神経回路の再構成が起こり、やがて手に痙攣が起きるような神経伝達の閉鎖回路ができあがるのです。したがって、イップスは緊張するから起きるのではなく、ショートパットをするというストレスが引き金になって、イップスを起こす神経伝達の閉鎖回路を作動させてしまうのです。この閉鎖回路が他のショットではできていないために、同じ人が同じ試合で同じ緊張のもとで行うのに、他のドライバーショットやアイアンショットでは、イップスを起こさないのです。また普段、全くあがることなく、むしろ緊張して興奮することで自分の能力をより高く引き出し、いい意味で緊張を味方につけているような図太い人でも、この閉鎖回路ができてしまえばイップスに陥るのです。緊張は引き金になるので、プレッシャーが強くかかれば、引き金は必ず引かれ、イップスを起こし、プレッシャーのあまりかからないときには引き金は引かれず、この閉鎖回路は作動しません。

普段、緊張とは無縁と思えるような人がイップスを起こすことも、また1~2メートルのショートパットだけにイップスを起こすことも、これで説明がつくのではないでしょうか。

誤解のないように説明しておきますが、身体の一部分の痙攣の後に起きるという全身性の痙攣については、全く心配いりません。高頻度に長く電気刺激を継続しての話であり、ワンホールに一回や二回パターをやったからといって、全身性の痙攣発作が起きるわけはないのです。

◆過度の緊張からくるヒステリー

これによって、ゴルフ以外の場で起こる同様の症状を示す精神科の病気の説明もつくのです。

精神科の病気のなかにヒステリーというものがあります。ヒステリーというと、一般的には女性が興奮してわけがわからなくなって騒ぐような状態を考えますが、精神医学の分野では、少し違った状態をいいます。第一次世界大戦中に、歴戦の勇者たちが戦場に赴き、戦闘の最中に次々と手や足が痙攣したようになってしまい、戦闘不能のため後方の病院に送り返されてきました。病院で調べてみても身体に異常はなく、しばらくすると自然に治るのです。当時の医者たちには、原因がわかりませんでした。戦闘から逃れるための仮病ではないかという説もありましたが、それにしては患者が歴戦の勇者たちばかりなのです。そこで、仮病ではないが、自分でも無意識のうちに病気をつくりだし、そのなかに逃げ込むことで目前の恐怖から逃れるという心理規制をもった病気を考え出し、ヒステリーと名づけ、今日に至っています。先ほど述べた説からいえば、これはイップスといえます。兵士たちは、繰り返される戦闘の刺激から手や足にイップスを起こし、うまく動かせなくなったのです。

最近では、さらにこの現象の研究が進み、この現象が形成された後、脳の他の部位に電気刺激を与え、そのうえで最初の部位を刺激すると、燃え上がり現象が起こりづらいといい、これを「干渉現象」といいます。これも実際の患者の症状と合致するのです。先に述べた書痙の患者が字を書く際に、左の手で自分の太ももを強くつねらせ、その状態で右の手で字を書かせると、すらすらと書けることがあるのです。このことは、イップスの治療に応用できるのではないでしょうか。

第Ⅳ章

イップスの治療と対策

イップスの治療に関しては、書物に残されたものだけでも、一九一二年、ハリー・バートンが暗闇でパットの練習をしたことを述べています。日本でいえば、大正元年のことです。当時のヨーロッパのゴルフ場のまわりがどのような原野であったか想像もつきませんが、星明りだけを頼りに、ただ一人で黙々と練習したプロの姿が目に浮かびます。

それ以後、いろいろなプロがさまざまな方法を模索してきています。簡単に列挙してみましょう。

自分でできるイップス克服法

◆打ち方を変える

片目をつぶる

ラインをみてスタンスを決めた後は、カップに近いほうの片目をつぶり、視界からカップを消してしまい、ボールだけをみて、身体で覚えた距離感で打つことだけに集中するやり方です。

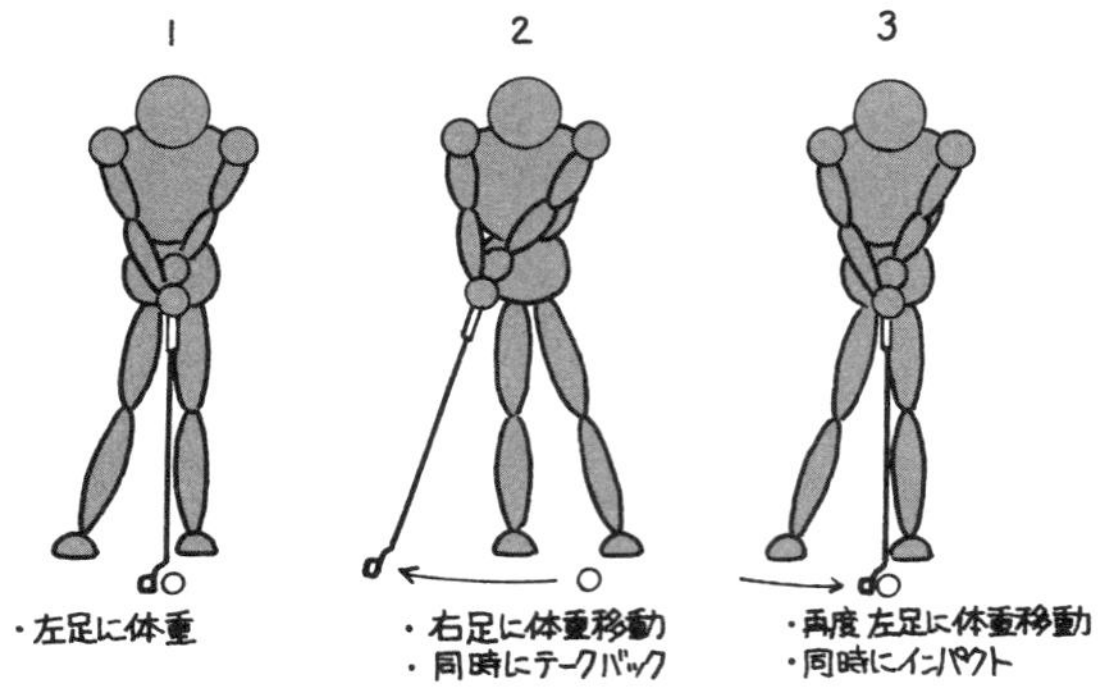

暗闇で練習する

基本的な考え方は、前記の「片目をつぶる」のやり方と同じです。ぼんやりとしかみえないカップに向かって1メートル、2メートルの距離を繰り返し打って身体に覚え込ませ、実戦でカップやラインを目で追わなくてすむようにする方法です。

体重移動で打つ

私がショートパットを打てなくて困っているときに、ゴルフ雑誌に記載された「ゴルフ向学研究所」の久富章嗣氏の理論を読んでなるほどと思い、すぐ電話して直接教わりに行き、学んだ方法です。右手首を固定し右肘を動かさないようにしながらウエイトシフトだけを使ってストロークを行う方法です。左足にかけた体重を右足に移すと同時にテークバックを行い、体重を再度左足に移すと同時にインパクトを行います（上図）。緊張すると手もとがぶれるので、緊張したときほど手先を固定しておいて身体を動かしていくべきだそうです。約一時間ほど、丁寧に理論的に実演を交えながら教えていただきました。私がや

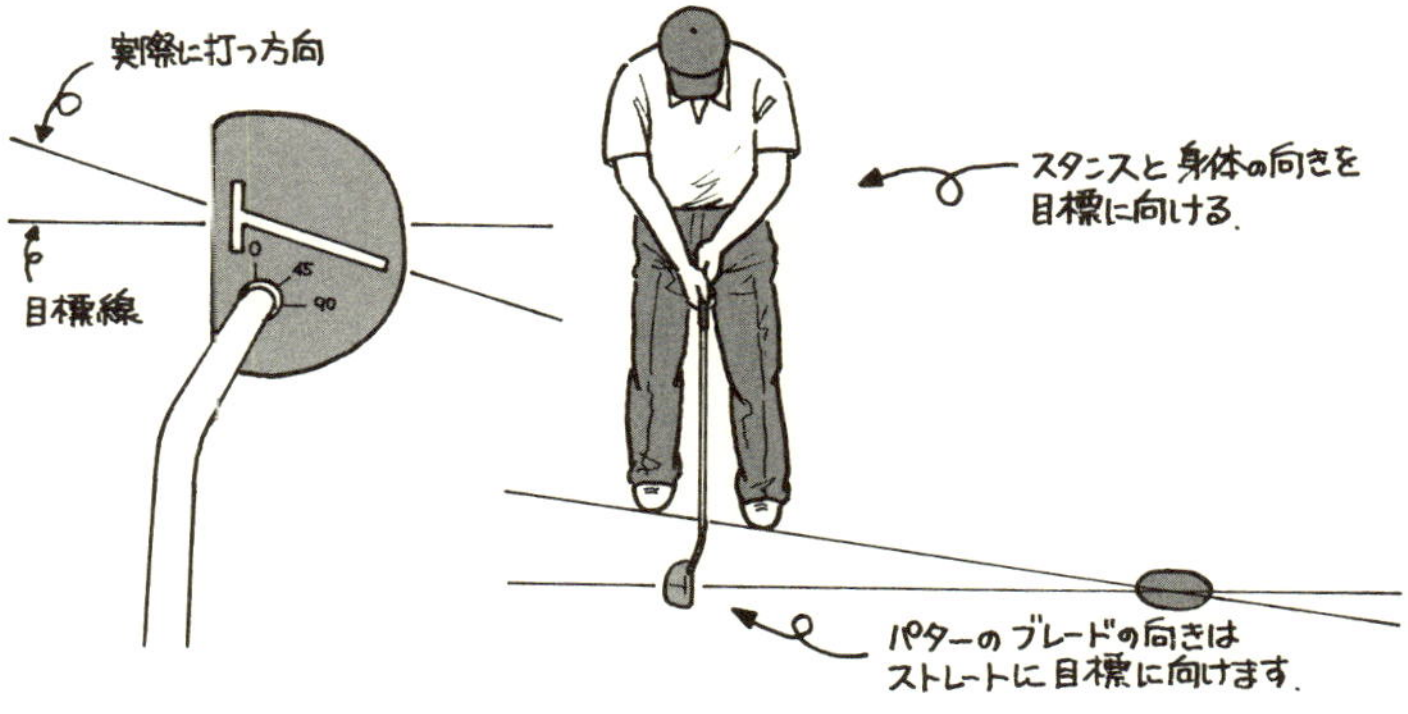
実際に打つ方向
目標線
0
45
90
スタンスと身体の向きを
目標に向ける.
パターのブレードの向きは
ストレートに目標に向けます.

ると、体重移動に伴い右から左にゆらゆらとスウェイしているような感じになるのですが、熟練した久富氏が行うと、ほとんどウエイトシフトしているのが側でみていてもわからなく、膝のあたりがかすかに動く程度にしかみえず、ごく自然な普通のパターを打つ動きにしかみえません。

　ラインの出し方にも独特のものがあって、右の絵のようにスタンスと身体の向きを目標に向け、パターのブレードの向きはストレートに目標に向けます。つまり、スタンスの向きとパターのフェースの向きが目標地点で交差するのです。このように構えたうえで、手首を固定して、ウエイトシフトだけでインサイドからストレートに打つようにします。この構えの練習器具として、専門のパターが売り出されており、このパターには左の絵のように、フェースラインに対して斜めにラインが入っています。フェースラインを目標にセットしたら、この斜めのラインに沿ってスタンスをとります。それで自動的にスタンスが目標を向き、フェースラインも目標を向いたアドレスができあがるわけです。

パターだけでなく、グリーンまわりの転がしのアプローチにも応用ができるといいます。非常に卓越した理論ですが、私は少し教わっただけなので、正確に伝えられたかどうか心配です。一度試してみて、興味があれば、久富氏に相談されたらいかがでしょうか。

2拍子スイング

今回いろいろと調べていくうちに初めて知ったのですが、前途の「体重移動で打つ」の理論と同じように、スイングは下半身を主体として行うべきだという理論を、金谷光一郎博士が主張されています。レッスンで有名な金谷多一郎プロの弟さんで、ご自身はゴルフのプロではないのですが、工学博士としてアメリカでスイングの研究に取り組み、新しく2拍子スイングの理論を打ち立て、最近脚光を浴びている方です。本来はゴルフのスイング理論なのですが、その下半身主体という理論の性質上、上体が動かなくて困っているイップスの方、つまりドライバーやアイアンでクラブが上がらない、下りてこないタイプの方、あるいはアプローチイップスの方には有効な方法のようです。事実、このような悩みをもつ若手のプロが何人か教わりに行き、良くなっているようです。

疑り深い精神科医としては、自分で実際に体験し、効果のあったことしか信用しない主義なので、さっそく教わってみることにしました。

調べてみると、現在各方面で注目を集め売り出し中の方なので、その理論にあったクラブの開発などで大変に忙しく、一般の人に行うレッスンは月に一度厚木の練習場で行っているだけだというのです。こちらは教えを乞う生徒の立場なので、三週間後に予約を入れてみました。当日行ってみると、まだ若い小柄で筋肉質な方が、研修生らしき人を教えていました。さっそく自己紹介して話してみると、非常に礼儀正しく、自信と才能にあふれ、いたずらっぽい目をした人でした。五、六人が一クラスになり、一時間ほど対話形式で自分のゴルフの悩みを相談し、金谷博士がそれに答える形で自分のスイング理論を説明してくれました。

非常に簡単でわかりやすい理論で、スイングはバケツの水をまくように、1で右足に体重をかけてやや沈み込み、2で蹴り上げてクラブを振る。パターからドライバーまで同じスイングで行えるというのです。私は、多少曲がるもののスイングもアプローチも普通にできるので新しいスイング理論を取り入れるつもりはなく、その理論を実際にみるだけはみてみようという気持ちで来ていましたので、話を聞いている限りでは、そんな打ち方ができるわけないと思いました。しかしながら、半信半疑で実際にボールを打ってみると、実に簡単にまっすぐな球が打てるのです。これには驚きました。また、テークバックが非常に小さく速くコンパクトになるので、あれこれ考える暇はなく、これならスイングイップスの方が治るのも無理はないと納得がいきました。

では、その著書『プロも目からうろこ、スイングは2拍子で振れ』のなかから、もう少し詳しく理論を引用して紹介してみましょう。

スイングで能動的に使うのは下半身だけで、上半身はその動

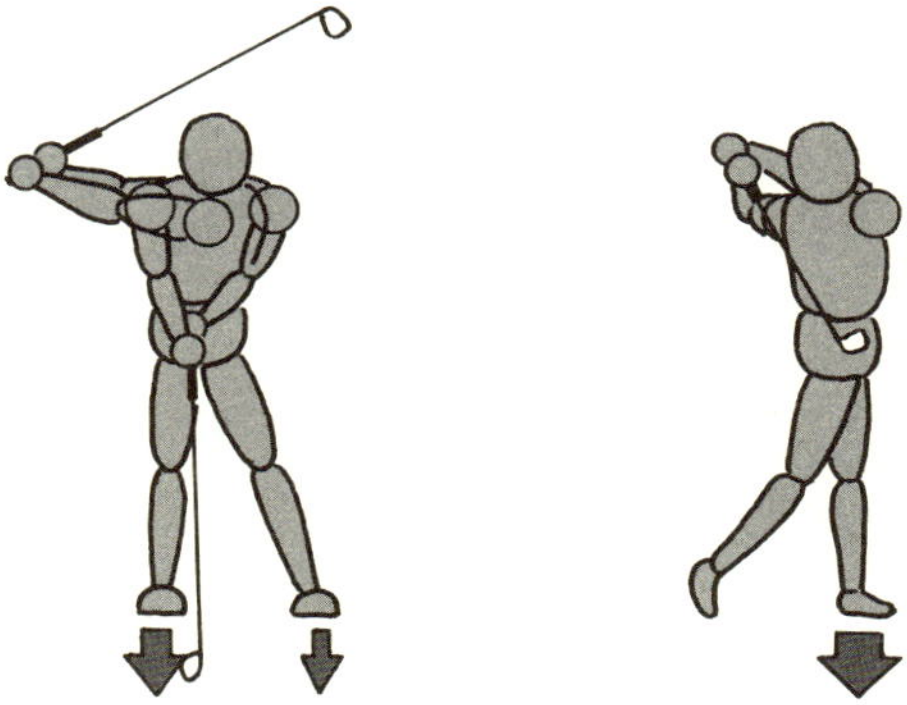

きにつられて受動的に動くだけ。つまり、上半身をアドレスで形づくってブロックしたら、「1」で左足を右足の方向に蹴り、体重が右足に乗っていくことに従いテークバックが始まり、まだ腕、手、クラブが上がり続けているうちに、「2」で右足の蹴りが始まっていて、下半身はすでに反転を始めているのです(上図)。つまり下半身を2拍子で動かすように意識することで、結果として切り返しで一瞬クラブの動きが止まり、いわゆる"ため"ができ、ショットが良くなるというのです。バックスイングもゆっくりではなく、ある程度の速さが必要だそうです。

何しろこの理論だけで一冊の本になっているくらいなので、全部を細かく紹介することはしませんが、バックスイングのクラブの動きやトップの位置など細かく考えすぎて、ショットのときに手が上がらなかったり下りてこなかったりする方には、下半身を主体に考えるこの理論は有効な解決法になるでしょう。

サイドサドルパッティング

サム・スニードが開発した有名な打ち方です。彼は大変活躍

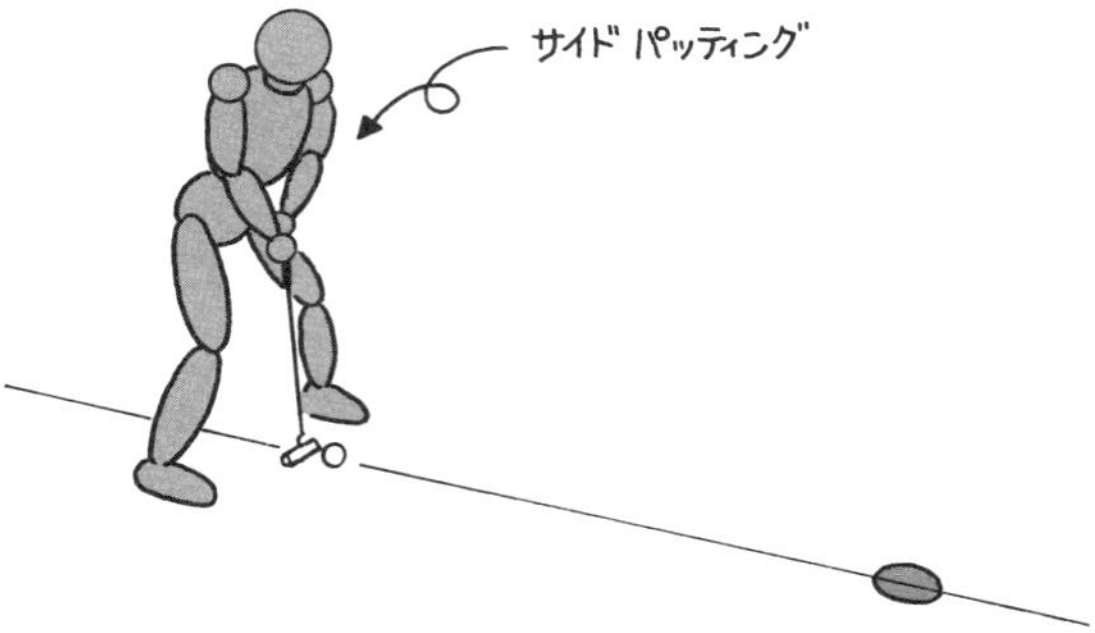

したプロでしたが、やはりイップスに冒されて、うまくパットすることができなくなってしまいました。そこで考え出した方法がサドルパッティングです。これは馬に乗るようにラインをまたぎ、身体の中心からカップに向かってパッティングする方法であり、あまり入りすぎるためにプロゴルフ協会から禁止されてしまいました。

私には常日頃から、ゴルフに関して一つの疑問がありました。それは、パッティングのときに、なぜ横を向いて行わなくてはならないのかということです。人間のように狩をして獲物を捕らえる動物、つまり捕食者の目は顔の前についているので、顔をまっすぐに目標に向けることで、両方の目を使って正確に目標の動きや目標までの距離をつかむことができます。横を向いているのでは、片目しか使えず、目標までの正確な距離や方向が測れないのです。現在のパットのやり方は、例えていえば目標まで正面を向いて身体のスタンスを決め、距離を頭に描いた後、目をつぶって目標に当たるようにボールを投げるようなものです。方向は身体の向きという間接的な方法で決め、距離は

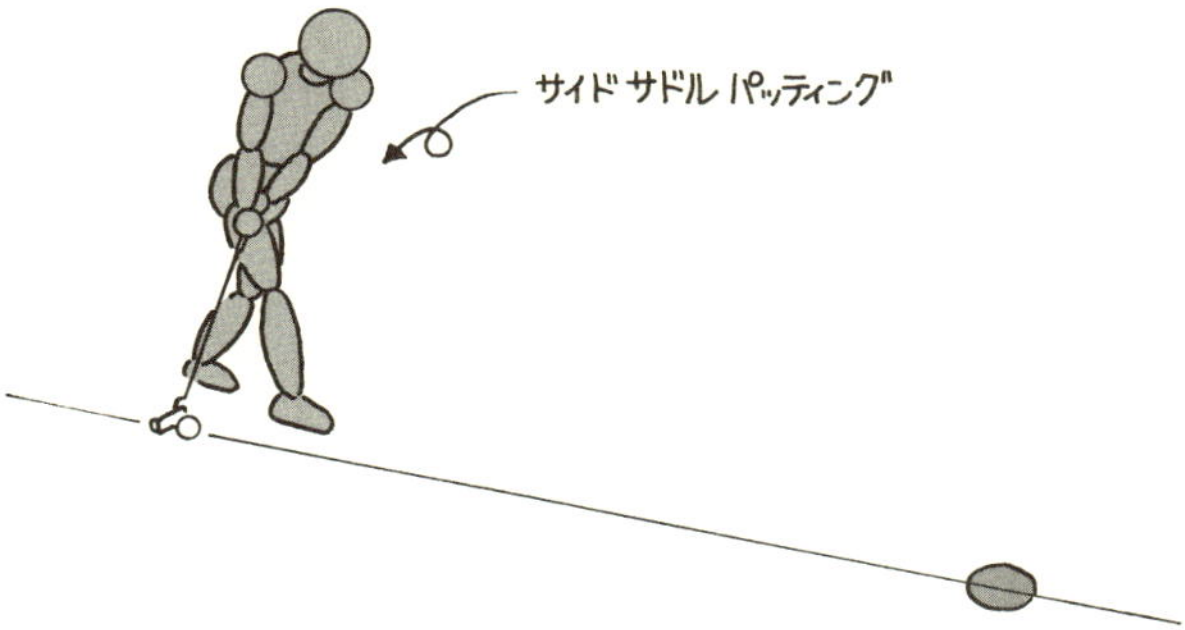

頭を上げてカップをみることのないようにして打つのですから、目を閉じて頭のなかに残ったイメージで打つのと同じです。目標を正面からみて、そのまま打つサドルパッティングがよく入るのは、当然の結果といえるでしょう。

彼の偉大なところは、ようやく編み出し完成させた方法を禁止された後で、不屈の闘志で新しくラインをまたがないサイドサドルパッティングを考え出したことです。これは全く合法的な方法ですが、当時の写真をみて不思議なのは、右足が前に出ていることです。ボーリングでも弓でも目標に物を投げるときには、右利きの人は左足が前に出るのが普通でしょう。

理論的には正しい方法と思いますが、なぜか一般的には受け入れられていません。ゴルフを始めたときから横向きスタイルに慣れてしまっているので、目標に正対する構えに違和感を感じるのでしょう。

クロスハンドグリップ

ゴルフのグリップは、左手がグリップエンドに近いラバーの

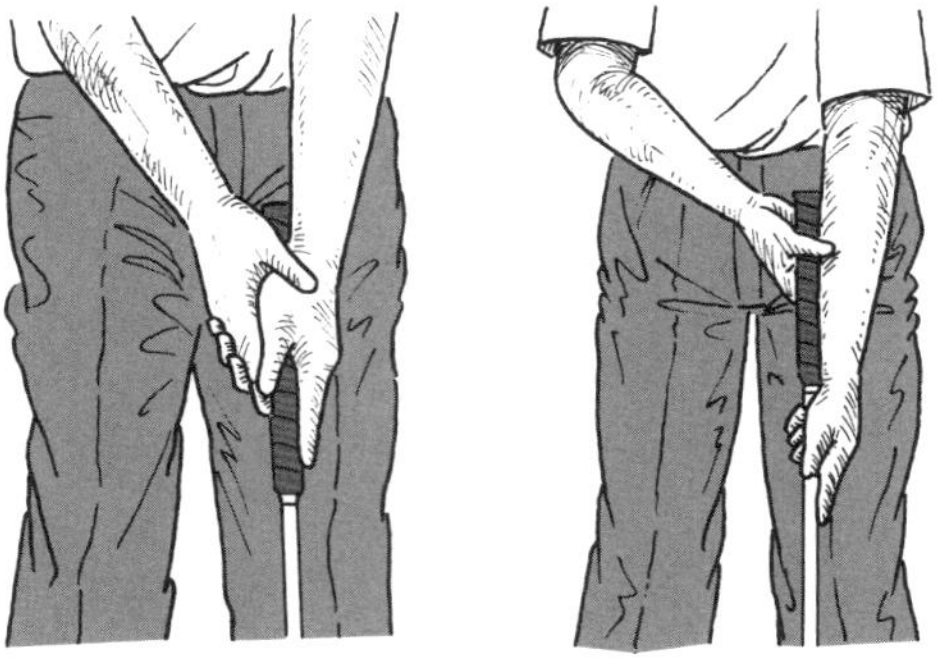

部分を握り、右手がその下にくるのが普通ですが、これはその逆、つまり右手がグリップエンドに近いところを握り、左手がその下にくるやり方です。いつ頃から行われだしたのか、詳しいことは不明ですが、初期の頃にはプロゴルファーのベルンハルト・ランガーが右の絵のようなやり方でパットしていたことは有名です。これは左手首を固定し、シャフトと腕から肩までを一本の棒のように扱う方法です。緊張したときに悪さをしてしまう右手の動きを押さえ、ほとんど左手一本でパターを目標に向けるように引いて打つのです。器用な右手を封じ左の手首を固定しているので、ブレが少なく、方向性に優れた打ち方です。一本の棒のようにかがんで構えるスタイルに違和感があるためか、現在では左の絵のようにグリップして、普通のパターと同じように構える方法が主体です。

ほとんどのイップスのプレイヤーは、この方法でイップスを起こすことなくパットができるようになります。イップスに陥ってしまったら、まず最初に試みるべき方法でしょう。

これは、前の章で述べたように、イップスを起こすようにな

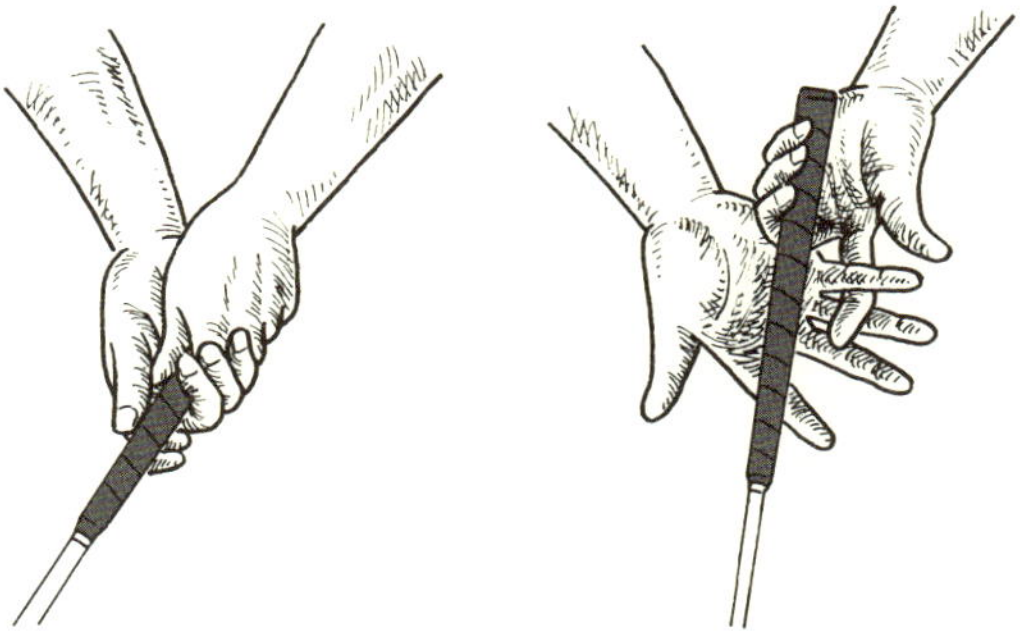

ってしまった神経の閉鎖回路と異なった系統の神経を使うために、イップスを起こしにくくしていると考えられます。しかし、このように打ち方を変えても、統計上二五％には前と同じ症状が出てしまうことがあるのです。

イップス対策グリップ

これは、前述のシャフトメーカー社長Yさんがアメリカのツアーに同行していた精神科医から教わってきた、イップスを矯正するためのグリップです。

絵のように、右手の小指を左手の人差し指とからめるようにして握ります。ただそれだけです。なんだそんなものか、ほんまかいなと思いましたが、実際にグリップしてボールを打ってみると、狙いよりも右に転がっていったのには驚きました。

前にも述べましたが、私たちは通常、器用な右手の親指と人差し指側の筋肉を使ってほとんどの日常生活を過ごしているので、パターも自然にその筋肉を使って打っています。誰にも教わらずに自然に小指でパターをはさんで打つ人はいないと思い

① ②

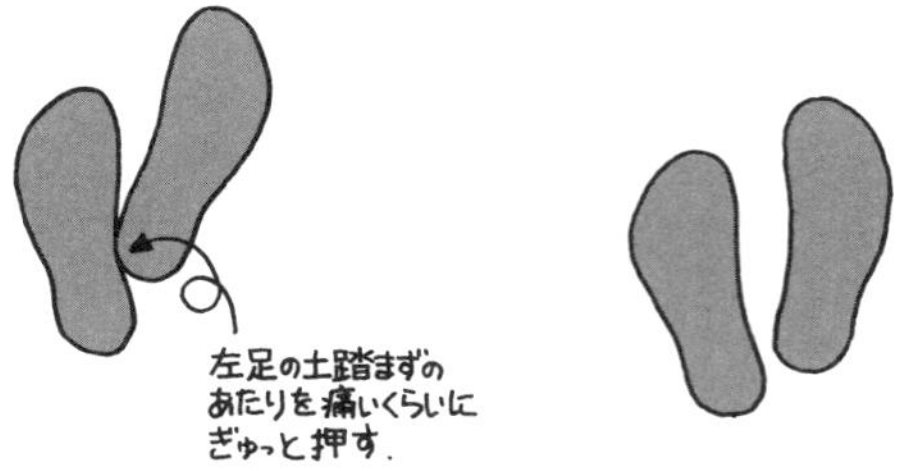
左足の土踏まずのあたりを痛いくらいにぎゅっと押す.

ます。

このグリップは、右手の小指と左手の人差し指をからめることによって右手の小指側の筋肉の緊張を高め、親指と人差し指側の筋肉を使いづらくしているのです。さらに両手が一体となることにより、手首を使いづらくし、肩で打つようになるのです。

何せアメリカのツアープロがイップス矯正用に行っているグリップだというのですから、説得力があります。一度試してみたらいかがでしょうか。ショートパットを何とか打てるのだけれども、緊張したときに右手の親指側の筋肉を使いすぎてしまう方、上りのまっすぐな1メートルくらいのラインを左に外してしまうような方には合う方法でしょう。

イップス対策スタンス

これは私が考え出した方法ですが、まず上図の①のようにオープンスタンスに構え、②のように右足のかかとで左足の土踏まずのあたりを痛いくらいにぎゅっと押すのです。すると不思議なことに、手が楽に動くことに気がつくでしょう。これは、脳の干渉現象を応用した方法です。前の章で、脳の大脳辺縁系を刺激し続けると身体の一部に痙攣が起こるようになり、これを「燃え上がり現象」と呼び、イップスの原因ではないかと私が考えていることは説明しました。さらに、大脳辺縁系の別の部分に刺激を与えながら前の部分を刺激すると、この「燃え上がり現象」が起こりづらくなるという実験結果があることも紹介しました。この実験結果を応用して、書痙では左手でわき腹をつねりながら右手で字を書くと、手の痙攣が起こりにくく、すらすらと字が書けるようになるという実例が認められています。

ゴルフのパターでは両手を使うため、わき腹をつねるわけにもいかず、しかたなく足で何とか刺激をつくりだそうとして考え出した方法です。したがって、「いてーな、ちくしょう」と感じるほど刺激しなくてはいけないので、土踏まずで不十分な場合はくるぶしのあたりを押してもいいでしょう。一度試してみたらいかがでしょうか。緊張した場合ほど効果があるはずです。

◆道具を工夫する

一般的にイップスに陥ったプレイヤーは、速いグリーンを好むようです。打とうとしても思ったように手が出ていかないのだから、触るだけで転がっていくような速いグリーンや下りのラインを好むようになります。いちばん簡単なラインと考えられている、打ちさえすれば入るような短い上りのストレートなラインは、イップスのプレイヤーにとってはいちばん嫌なラインです。

そこで、早打ちをなくし、打とうとしなくても自分から転がっていくような重く転がりのよいパターを選び、そのうえ、さらにヘッドに鉛を張るのです。

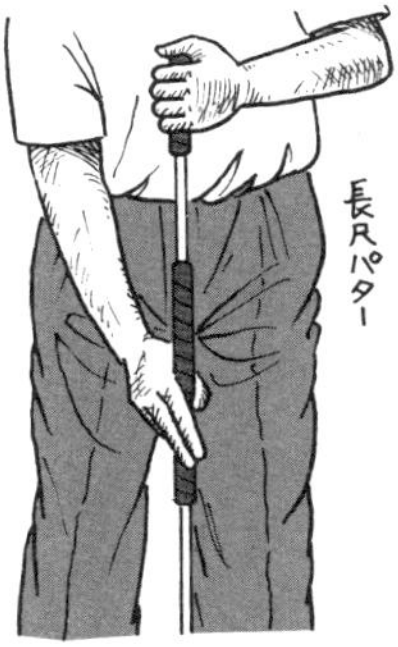

長尺パター

前記のような点を考慮に入れて開発されてきたのが、このタイプのパターです。上の絵のように、ドライバーと同じくらいの長さの非常に重いパターです。左手をほぼ胸の中央に当てて固定し、そこを支点としてブランコのようにゆっくりと振る。

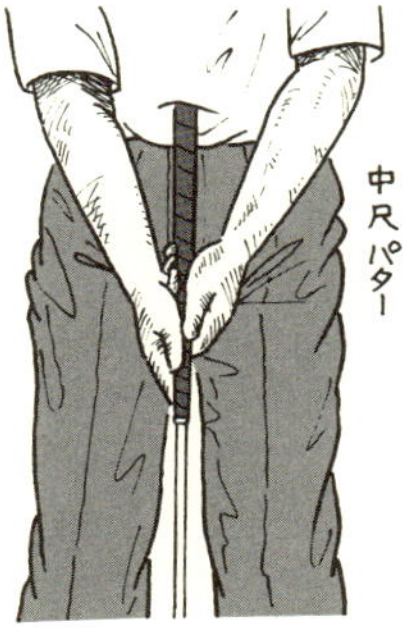

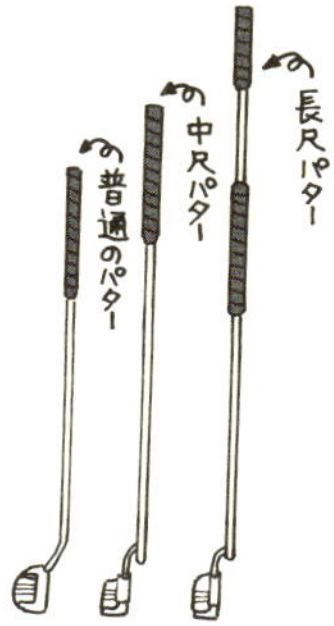

右手を手首ではなく腕から肩にかけて一本の棒のようにして振るため、右手首の余計な動きを押さえることになります。しかも非常に重いため、一旦動き出したら小細工はきかず、方向性に優れているといえます。しかし、後ろからみると、ほうきをもってグリーンを掃除しているようにみえるため、「お掃除おじさん」などとからかわれることがあります。

中尺パター

長尺パターはいいのですが、なにぶん目立ちすぎ、取りまわしが面倒です。このため、原理は同じですが、多少短く、普通のパターよりは長い中尺パターが開発されました。これは、絵のようにグリップエンドをみぞおちのあたりに当て、そこを支点として振り子のようにパターを振るやり方です。長尺パターよりも普通のパターに近い感覚で扱えるせいか、とっつきやすく、長尺パターからの転向が増えています。

精神科的治療法

私は、ここで述べたような打ち方や道具をほとんど試してみました。そのうえで、ほぼ自分にあった打ち方や練習方法をみつけ出すことができたのです。さらに、ゴルフの技術としてではなく自分の専門の精神医学の観点から、イップスの治療法を探してみようと思い立ちました。

私が打ち方や道具にこだわり、ここまで心の問題としてとらえることが遅れてしまった理由は、私が自分自身に起きている現象を全く理解できなかったからです。

断っておきますが、私は精神科の講師として、数十人から数百人までの会での講演や学会での発表を数多くこなしてきていますが、一度もあがったり手が震えたりしたことはありませんでした。あがり症でも何でもなく、普段から精神的にはタフだと自負してきた自分が、たかが遊びのゴルフで1~2メートルのパットを打てないのです。どうして自分にこんなことが起き

るのか、わからなかったのです。
私のことを精神科医だと知っている友人が、ゴルフ場で苦笑いしながら近づいてきて、「実はイップスみたいになっちゃってね、なんかうまい方法ありませんかねー」と相談することがここ数年で何回かありました。「なかなか難しくてね」とやはり苦笑いしながら、お茶を濁すしかありませんでした。答えられないのです。
私がまだ医学部の学生で、皮膚科を実習で回っていたときに出会った、ある若い患者の眼差しが忘れられません。三十代のその患者は若はげで、頭頂部がだいぶ薄く、必死の思いで、何か良い方法がないかと皮膚科に相談にきたのです。「大丈夫、今は良い薬があるから、じきに生えてきますよ」と落ち着いて答え、さらさらと薬の処方箋を書いて患者に渡したその教授の頭は、つるっぱげでした。渡された処方箋を手にもったまま、その患者はしばらく処方箋と教授の頭を交互に眺めていました。
その教訓以来、私は自分にできないことを他人に教えないようにしています。

心の病の患者として治療を受ける決意をした私は、はたと困ってしまいました。私には相談する相手がいないのです。当たり前です。私はこれでもゴルフにも、心の病にも詳しい精神科のプロなのです。内臓の悪い内科医や、手術を受けた外科医はいますが、精神病になった精神科医はいないのです。精神病になった途端に、医師免許を剥奪され、ただの患者になってしまうからです。1~2メートルのパットを外すだけで医師免許をとられてはたまらないし、治療にあたる人のやりにくさも考えて、精神科医であることは隠し、内科医として治療を受けることにしました。

◆催眠療法

私の催眠療法遍歴

まず最初に頭に浮かんだのは、催眠療法です。ちょいちょいと催眠術をかけてもらい、パットの際ボールの番号をみた瞬間に後催眠がかかり、手がスムーズに動くようにしてもらえばすごく楽である。何より自分が努力しなくていいことが嬉しい。

そこでさっそく、電話帳で催眠療法をやっているところを調べ、予約しました。

夏の初めの暑い日でした。期待に胸を踊らせながら住所を頼りに探していってみると、二十～三十年は経っていそうな汚い木造アパートの一室でした。髪を伸ばした宗教家のような風貌の中年の男性が出てきたので、事情を話すと、「前にも同じような人がいて治療した経験があるので大丈夫だ」と言われ、奥につれていかれました。外を通る車の音や人の話し声がやけに近く聞こえ、ガタガタと冷房機の音がうるさいような部屋でした。汚れたタオルケットがひかれたベッドがあり、そこに横になれというのです。大丈夫かいなと思いながら、しぶしぶいわれたとおりにすると、部屋の照明を暗くし、いきなり覆い被さってきました。「やめて」と乙女のような気持ちでいると、熱い吐息が耳にかかり、「あなたは眠くなる、眠くなる」と耳もとでいう。テレビのみすぎであろう。惨めでした。俺はいったい、ここで何をしているのだろうと思いながら、早く終われと念じていました。夏の暑い明るい日差しが降り注ぐ玄関まで生還したとこ

ろで、ふと気になって前に治療した人のことを訪ねてみたところ、なんと有名な女子プロゴルファーでした。イップスを治したいとはいえ、いったいどのような気持ちであの熱い吐息を受けたのだろうかと、人ごとながら胸が痛みました。料金は四千~五千円でした。催眠術というよりは、悩み事を受け付ける人生相談のようなものだと思いました。電話帳で、もう少し広告の立派な別のところをもう一軒訪ねてみましたが、もっと汚かったので寄らずに帰ってきました。

その夜、家でテレビの深夜番組をぼんやりみていたら、偶然催眠術の大家という人が番組に出てきて、隣に座っているきれいな女優さんの腕をちょいちょいとさすり、「あなたは腕が重くなる、重くなる。重くて机の上からもちあがらなくなる」と暗示をかけていました。すると、本当に暗示をかけられたのか、女優さんはうんうん唸っているのに手は全然動かないのです。これはすごいと飛び起きて、テレビで紹介していたその方の催眠術研究所の電話番号をメモしました。「まさか、腕が動かなくなるような暗示ばかりうまいんじゃないだろうな。俺は腕を動かしたいんだから…」と疑いつつも、翌朝、さっそく電話しました。受付の女性が出て、「先生は今大変忙しく、予約は受け付けるが実際の治療は半年後になる」というのです。半年後ではしかたがないのできっぱりとあきらめました。

その代わりといってはなんですが、少なくともきれいな診察室で、民間療法ではなくて医者に診てもらいたいと思い、つてを頼って催眠療法を行っている医者を探してもらいました。訪ねてみると、温厚で人の話をよく聞く、精神科医の手本のような先生でした。しかし残念ながら、催眠術にかかることはありませんでした。私は疑り深く、暗示にかかりにくいのです。と同時に、研修医の時代に催眠術の手ほどきを受け、うまくはないが一応の基本は知っているということも影響していると思います。これでも夜尿症の子供をピタリと催眠術で治して、親に感謝されたこともあるのです。

この先生のところにも、海外の試合に出場する前にイップスを何とか治してほしいと男子プロゴルファーが訪れてきたといいます。医師には守秘義務があるため、名前は教えてもらえませんでしたが、海外の試合に出るくらいなら有名なプロなのでしょう。みんな水面下では苦しんでいるのだという思いを新たにしました。私が考えるようなことは、生活のかかったプロゴルファーは皆、考えついているのでしょう。

催眠療法の実際

さて医者の立場から催眠療法をみてみると、催眠療法は他動的なイメージトレーニングといえます。

イップスの治療には、催眠療法のなかでもメンタルリハーサル法がいいでしょう。短いパットを何回か外したことがあると、一方では、もう失敗しないでうまく入れなくてはならないという気持ちと、他方では再び失敗するのではないかという気持ちが入り混じって、不安や恐怖や緊張がいっそうつのってくることが経験されます。このためにうまく行動できない場合があるので、適応的な行動を能動的に行うことをイメージのうえで前もって練習、訓練したり、うまくできないで失敗した場面をイメージを使って練習したりすることで、実際場面でもスムーズ

にできるようになることが多く、よけいな緊張や不安を抱かずに行えるようになります。

このようにして、イメージのうえで生き生きとした体験をしてみて、積極的に、よりうまい心身の構えを継続的に形成することによって、不安やよけいな緊張を減少、消去していこうとするやり方を、メンタルリハーサル法といいます。催眠中は視覚イメージが実にあざやかに生き生きと現れやすいので、これを使って行う予行、練習が効果的です。

実際には、不安や恐怖のためにできない行動を、催眠状態で視覚イメージのうえで体験してみると、不安や恐怖を比較的伴わないで行動できるようになるので、自信をつけることができ、覚醒状態の実際の場面でもスムースに行動できるようになるといわれています。

催眠療法は、大筋では次のように行われます。

① 催眠に先だって、患者とよく症状について話し合い、お互いの理解力を高めておく。

② 詳しい方法は省略するが、中程度の深さまで催眠誘導す

る。

③パットの場面に入る前に、患者の興味に応じて楽しく心休まる場面をイメージして、心をウォームアップしておく(例えば、南の海の浜辺でハンモックに揺られて気持ちよく寝ているところ、深い海に潜ってだんだんと青さが増し心が静かになってくるところ、など)。

④その後、グリーン上で心静かに安らかにスムーズなパットをしているところを、繰り返しイメージする。その際にいいところだけイメージしていてもしかたがないので、現実の場面に即して「まわりの皆がじっとみていますよ」というふうに多少プレッシャーがかかるようなイメージをさせ、実際に患者が手の動きの悪いことを訴えるようなことがあったら、深呼吸をしたり、ボールの番号をみたり、グリーンを眺めたりしたときに、スッと心が落ち着くようにイメージトレーニングすることもよい。

⑤その後、「これからのパットは今日経験したように安心して気持ちよくできます」と後催眠をかけ、その日のイメー

ジトレーニングで体験したことを強化する。

⑥　催眠をとく。

大事なことは、催眠中も今どのような場面をイメージし、どのような気分でいるかを話させ、常に様子をみながら、それに合った適切な暗示を与えていくことです。患者の気持ちを大事にし、治療的関係を保っていくことが大切です。

治療で使う催眠術は、テレビでよくみられるような、術者が手をパチンと鳴らすと参加者の半分がグーグーと眠り、「鶏になれ」というと「コケコッコー」と鳴きながら動き回るというのとは異なり、わりと地味なものです。あまり過大に希望をもちすぎないようにしないといけません。

私には合いませんでしたが、素直な人、暗示にかかりやすい人には合うのではないでしょうか。ただし、時間がかかることと、先生を選ぶことは頭に入れておかなければなりません。中年のおじさんから耳に熱い吐息をかけられるような体験は、私だけで十分でしょう。自分のことを素直と思うのなら、試してみるべき方法でしょう。

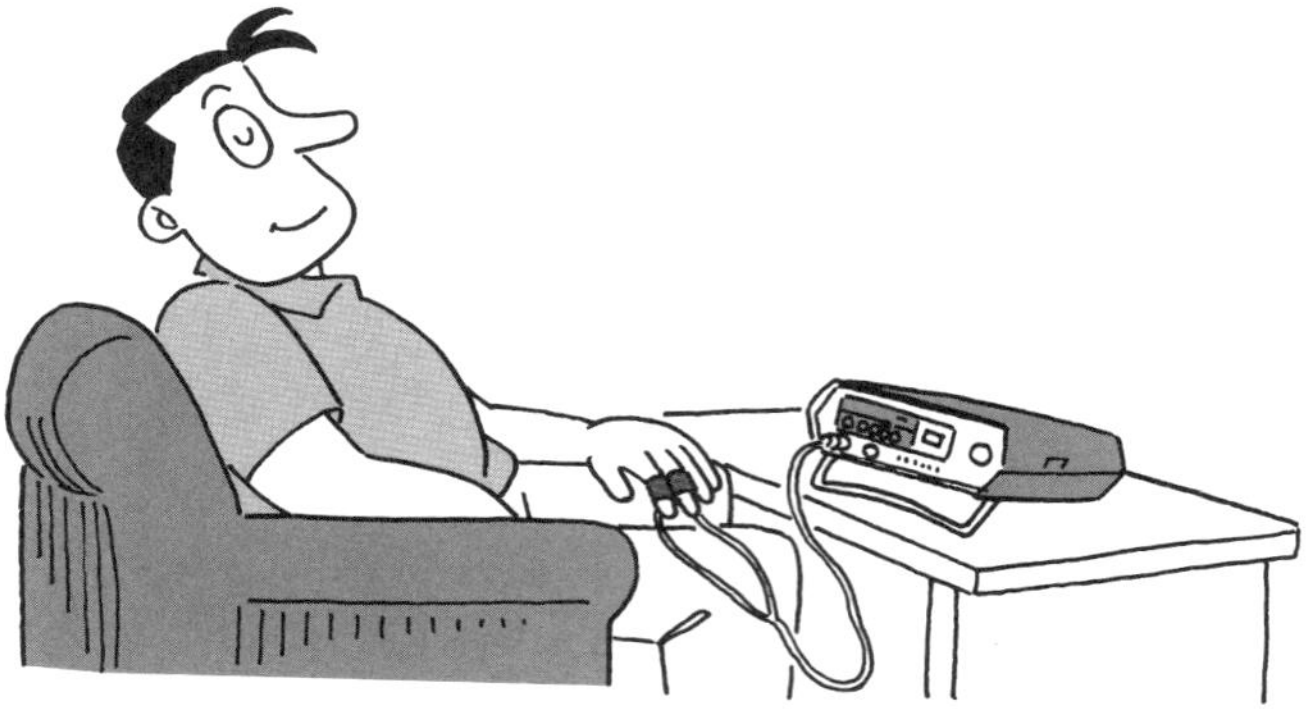

◆自律訓練法

人任せで楽に思える催眠療法は私にはあまり効果的ではなかったので、しかたなく自分でイメージトレーニングを行う、自律訓練法を行うことにしました。

これは基本的には自己催眠なので、静かな薄暗い部屋でゆったりと椅子に腰かけたり、ベットに横になったりしながら、一定の言葉を唱えて注意を集中していく方法です。「気持ちがとても落ち着いている」「両手両足が重い」「両手両足が温かい」「心臓が静かに規則正しく打っている」などの一定の言葉を段階的に唱えることで、徐々に自己催眠に入り、心の安静を得る方法です。最終的にはどのような場面でも、一定の言葉を唱えれば二〜三分で平静を得られるといいます。これに上のようなバイオトレーナーを使うと、よりいっそう自分の状態がわかりやすくなります。左手の指先に電極を装着し、一定の言葉を唱えることで心の安静が深まっていくと、バイオトレーナーから出る「ブー」という低い音がよりいっそう低く小さくなっていきます。逆にパットの場面などを想像して緊張が高まると、アドレナリンが分泌され、末梢血管が拡張し、わずかに手に汗をかくため、電流の流れが良くなり、低い音が「キーン」という高い音になります。目を閉じていても、この音の違いにより自分の今の状態が判断でき、緊張しても一定の言葉を唱えることで緊張がとれていく様子が実感できるのです。ただし、一定の訓練を数カ月間続けなくてはなりません。強い意志と根気が必要な方法です。

◆座禅

座禅については、「仏教の一派で、仏教の真髄は座禅修道によって直接的に自証体得することによってのみ把握されるとしている。座禅を用いるがこれは静座して沈思、黙念し無心の境地に入る行法」と『広辞苑』に書いてあります。

私自身は未熟者なので、パットが入らないくらいで長時間座禅を組み、姿勢が悪いと坊さんに棒で肩をたたかれ、ありがとうございましたと頭を下げてお礼をいうほど、人間が練れていません。したがって、禅については全くの素人です。

しかしながら、東洋的な心身修練の方法として、禅は西洋医学の分野でも大変興味を集めており、日本においても精神医学的な観点からさまざまな研究がなされています。それらの文献によると、禅を行う目標とされる「精神集中」「無念無想」の心境に到達するための中心的な技法として、呼吸法があげられています。習熟者が座禅を行った場合には、呼吸数は非常に減少し、一分間に二~三回の例も報告されています。さらに吸気の長さに比較して呼気のほうがはるかに長く、ゆっくりとした大きな腹式呼吸となります。安静による炭酸ガス産出量の減少と、この呼吸法による炭酸ガス排出量の増加によって、血液中の炭酸ガス濃度が減少します。心身の緊張興奮状態の際に起こる血液中の炭酸ガス濃度の上昇を、これらの方法で押さえることによって、心理的安定を早急に獲得することができるのです。

したがって、ゴルフの際に「無念無想」の境地に達するためには、呼気のほうを長くしたゆっくりとした大きな腹式呼吸を行えばいいことになります。

さらに、昔、京都のほうの大学で禅について研究した次のよ

うな論文を読んだことがあります。座禅の修行を毎日行っている曹洞宗のお坊さんと、一般の人に、脳波計をつけたまま座禅を行ってもらうと、お坊さんの方は速やかに静穏な状態に入り、一般の方は長時間かかるのです。それでも一応両者とも静穏な状態に入ったところで、いきなり棒で肩をたたくのです。両者とも、その刺激により脳波は乱れるのですが、お坊さんのほうは次の一瞬には再びもとの静穏な状態に戻り、一般の方は言葉にはしないまでも「痛いなー、何するんだよ」と痛みと怒りの煩悩が尾を引いているため、もとの静穏な状態になるまで長い時間がかかるのです。

つまり座禅では、痛みなどの刺激を感じないのではなく、感じてもなるべく早く無視できるように訓練するのです。長時間かかる訓練なので、ゴルフというよりも、煩悩に満ちた俗世間から離れ、自己改革し、自分をいっそう人間として高めたい方は、行ってみてもいいのではないでしょうか。

◆薬物療法

抗不安薬の服用

　ゴルフをするのに薬を使うなんて、と思う方がいるかもしれませんが、精神科の世界では抗不安薬は日常的に使われています。例えば、私の患者の一人で一部上場会社の社長さんは、朝から神経をすり減らす会議を十いくつもこなし、夜は夜で接待の宴席をはしごして回る生活のため、朝、昼と軽い精神安定剤を服用してもらっていました。薬を服用しないと、血圧が上がり、心臓発作や脳出血のおそれが出てくるからです。このように超多忙な方の場合、何の薬も服用せずに仕事をこなしていける方はむしろまれで、非常に恵まれた方です。普通はどこかで精神か身体がもたなくなってしまうのです。根性で乗り切ろうとか、忍耐しようとか思わずに、必要なときには必要な薬を飲むことが大切です。

　私が以前に勤めていた病院の院長は、あるとき猛烈な労働争議に巻き込まれ、団体交渉に出席することを余儀なくされました。その日、私たちと昼食をとった後、「さて、行くか」と一言

言い残し、ぽりぽりと睡眠薬を噛み締めてお茶で流し込み、単身で団体交渉に臨んだのです。交渉は長時間におよび、胸倉をつかまれ、怒号や罵声の飛び交うなかで、院長はときにこっくりこっくりと居眠りをし、相手からは重要な話になると寝たふりをする「狸親父」と称され、無事に交渉をまとめあげることができたのです。高齢の身で、数十人の若者と互角に渡り合い、相手にタフな交渉相手と認めさせることを、ただ一錠の睡眠薬を服用することで成し遂げたのです。その夜、ぐっすりと眠られたことはいうまでもありません。この方は精神科のプロなので、すべての条件を考えたうえで睡眠薬を選んだのでしょうが、普通は副作用や習慣性の少ない抗不安薬を選んだほうがいいでしょう。

抗不安薬は、一九六〇年に染料のベンズヘプトキシジアゼピンからクロルジアゼポキサイドが発見されるまでは、良いものがありませんでした。これのベンゾジアゼピン骨格を母核として数々の誘導体がつくられ、次々と新たなベンゾジアゼピン系抗不安薬が誕生してきました。

ベンゾジアゼピン誘導体は脳内のベンゾジアゼピン受容体と結合して細胞膜を過分極させ、他の神経伝達物質の放出を抑制し、神経の過剰活動を減弱させます。つまり神経と神経の間は直接つながっているのではなく、間に川のようなものがあり、そこを神経伝達物質と呼ばれる渡し舟のようなものが情報を積んで川下へ渡しているのです。ベンゾジアゼピン誘導体は、川上の船乗り場で待たせていた受容体という手下と合流して暴れまくり、川下へ渡し船が出ないように妨害している、と考えたらわかりやすいでしょうか。

ベンゾジアゼピン系薬物の中枢神経系における作用部位は、電気生理学的方法により、情動と密接な関係のある大脳辺縁系と視床であるとされています。

主な作用は四つあり、抗不安作用、筋弛緩作用、鎮静催眠作用、抗痙攣作用です。これら四つの作用の強さの組み合わせが、それぞれの薬の特徴となっています。症状に合う作用は必要な作用と認められ、それ以外の作用は不必要な副作用とされます。

電気ショック療法

精神科で今でも使っている治療法に、電気ショック療法があります。これは頭に百ボルト前後の電気を通電し、全身性の痙攣発作を起こさせる方法です。昔から、錯乱して興奮して暴れている患者にショックを与えると、一時的に正常な状態に戻ることが経験上知られており、さまざまな方法が行われてきました。

古くは、日本において、興奮した患者を縛りあげ目隠しをしたうえで、冷たい水のなかに放り込んでショックを与えることが行われていました。放り投げられてヒューッと落ちていく恐怖と、冷たい水にドボンと入るショックで、多少良くなる例もあったようです。一方、ヨーロッパにおいては、大きく掘った穴のなかに数百匹の蛇を放ち、そのなかに患者を一昼夜放り込んでおくことが行われていました。まわりをぬるぬると蛇が這い回り、正常人には身の毛のよだつ発狂しそうな体験が、患者にショックを与えて病状が良くなると考えられていたのです。

このためヨーロッパにおいては、現在でも古くからある精神病院のことを「蛇の穴」と呼ぶことがあります。この大きな蛇の穴の跡地に、そのまま精神病院が建てられていることが多いからです。

その後、マラリア療法（患者を故意にマラリアに感染させ、高熱を繰り返し出させることで、精神的な病状を軽快させる方法）、インシュリン療法（患者にインシュリンの注射をし、低血糖の発作を起こさせてショックを与える方法）などの方法が行われてきました。しかし、これらは患者を命の危険にさらし、医師に熟練の腕前が要求されることから、命に危険がなく誰でも手軽にできる方法として、電気ショック療法が開発され頻繁に使われてきたのです。しかも最近の研究によって、治療上重要なのは筋肉の痙攣ではなく中枢神経系における電気的な発作であることがわかり、筋肉の痙攣を伴わないより安全な方法が開発されてきています。

一九五〇年代にクロルプロマジンという薬が開発されてからは、薬物療法が精神科の治療法の主体になったのですが、今でも、興奮の程度が激しい人や、うつ病などで自殺する危険が強い人など、薬が効いてくるのを待てない場合などには、電気ショック療法を行うことがあるのです。

この治療を行う場合には、患者さんを個室で横にさせ、目にタオルを乗せ、口に布をかたく棒状に巻いたものを入れ、舌をかまないようにした後で通電するのですが、準備作業の間、患者さんは何をされるのかと非常な不安状態に陥ります。これを防ぐために、前処置として抗不安薬を静注するのですが、このときに抗不安作用、鎮静催眠作用は役に立ちますが、抗痙攣作用はじゃまになるのです。通電後、痙攣発作がきれいに起これば治療効果もあがり、また逆行性健忘のために患者さんは電気ショック療法を行ったことを覚えていないのです。ところが、抗痙攣作用により痙攣発作が中途半端にしか起こらないと、治療効果もなく、また電気ショックを与えたことも覚えているのです。

薬物療法の留意点

このようにどんな薬でも作用の裏表が、作用、副作用の関係になるので、それぞれの治療に合った薬をみつけることが必要です。ゴルフのイップスの治療に使う薬としては、抗不安作用と抗痙攣作用が必要な作用で、筋弛緩作用と鎮静催眠作用は余計な副作用なので、その面に関して作用の弱い誘導体を選べばよいことになります。

不安には、イライラして集中できない、落ち着かない、何となく嫌な感じがするなどの精神症状と、先に述べたように多彩な自律神経症状を中心とした身体症状があります。この両者には相互に増強作用があり、精神症状を感じると身体症状が惹起され、その身体症状を感じとることによってさらに精神症状が悪化するという負の悪循環作用があります。

この悪循環を断つためにも、最初に少量の抗不安薬を投与することは有効な方法です。何せ重症のイップスの人は、それまでにいろいろな方法を試してみても自分の手が思うように動かず、「もうこんな手、切り落としてやりたい」と物騒なことを思うほどイライラしているので、どんなにいいカウンセリングや有効なイメージトレーニングの方法を教えても、自分の手が目の前で直ちにスムーズに動くことをみない限り、その方法を信用しないものです。少量の抗不安薬を投与することにより、少しでも症状が軽減すれば、こちらのいうことに耳を傾ける余裕が生まれるのです。

したがって、薬はいつまでも服用するのではなく、心と身体の反応の悪循環を切るために数カ月間ゴルフのときだけ必要な量を服用し、効果を確認してから少しずつ減らしていけばいいのです。いきなり中止すると、やはり恐怖感や不安感が生じるからです。

外部から受ける刺激の強さと薬の量との関係はあるものの、抗不安薬はイップスには有効です。つまり、多量に服用すれば、どんな状況であろうとも、とにかく手は動くのです。しかしながら、ベンゾジアゼピン系の薬物には基本的に強弱の差はあっても前記の四つの作用があるので、一つの作用を強めようとすれば相対的に他の作用も強くなってしまうのです。手は動いても、身体がふらついたり、クラブを振る力が弱くなってうまく振れなかったり、眠気が強くボーッとして何も考えられなくなったりするのでは、結果的にスコアは悪くなってしまうおそれがあります。したがって、何回か話し合いながら、適量をみつけていく必要があります。

私が手がける治療法

では、私のところで実際に行っている方法を述べます。

◆問診

まず、第Ⅱ章で紹介したアンケートのような内容を、根掘り葉掘り無駄話を交えながら聞き出します。これは、今後の研究の資料になると同時に、その人の問題がどこにあるのかをはっきりと探し出すためでもあります。

◆カウンセリング

そのうえで、簡単なカウンセリングを行います。なにせイップスに陥っている間は、なぜ自分にはこんな簡単なことができ

ないのかとイライラし、自分自身にすっかり自信を失っているので、イップスは精神的に弱いために起こるわけでも、勇気や知恵が人より劣っているために起こるわけでもないことを、よく納得してもらいます。アンケート調査でもわかるように、社交的で明るく、今までの人生であがるということをあまり経験したことがない人がイップスに陥ることも多いので、自信を回復してもらうことが大切です。

さらに前にも述べましたが、陰の期待の場を形成しないための方法を教えています。弱みを決して人にいわないこと、自分にとってプラスとなるような場を形成するために、自分はパットが得意なこと、ゴルフなんかで緊張するなど考えられないなどということをいいふらすこと。万が一、ショートパットを外すことがあっても、動揺する様子をみせず、口笛でも吹いて、その場を立ち去ること。それでもからかわれるようなことがあったら、自分はきちんと打ったのにカップが動いたとか、グリーンが合わないなどとうそぶいてもいいでしょう。これらは、タフなゴルファーというイメージをつくりあげるために必要な嘘なので、医者が許可します。短いパットをぽろぽろ外しても、自分でいわない限り、他人にはなかなか、その人がイップスになっていることがわからないものです。これは私の経験からもいえますし、トミー・アーマーの例でもそうです。どんなに震えながら入れたパットでも、周囲からみれば、あっさりと入れているようにみえているのです。先に述べた尾崎健夫プロの例でも、テレビでみている限り、多少打ちにくそうな様子はみられたものの、短いパットを外したときはラインを読みすぎたのだと思っていました。後から『ゴルフダイジェスト』に載った、そのときの心境を読んで、初めてそんなに極限まで追いつめられていたのかと驚いた次第です。

今回のアンケートをとった選手のなかに、普段から強くタフで挫折を知らないプレイヤーと私が思っていた方が何人かいました。その方が回答に際し、丁寧な手紙をくださり、自分がイップスに苦しんでいたときの状態や、どのようにして脱出したのか、その経過を細かく書いてくれました。それを読んで思わず、あの人がこんな苦労をしていたのかと、びっくりしたもの

です。
このようなことに加えて、私は精神科医として陰の期待の場をつくってはいけないという鉄則を熟知していますので、今まで自分がイップスであることを人に話したことはありません。

◆具体的な方法

ポイントアンドショット方式とイメージトレーニング

その後、軽症の場合には、ポイントアンドショット方式と呼ばれる打ち方に、あるイメージを加えて行う独特の練習をしてもらいます。ポイントアンドショット方式は、アメリカの警察学校で銃の練習をするときに使われる方法で、目標を打つときに狙いを定めてから打つのではなく、銃を目標に向けたらすぐ打つという方法です。研究によれば、狙いを定めようとすると、そのメカニズムにより、身体に自然に備わっている能力が阻まれるため、銃を目標に向けたらすぐ打つという意識でいたほうが正確に打てるというのです。

これを読んで、「なるほど、これはゴルフに応用できる」と思

いました。何しろ、ゴルフほど考える時間の長いスポーツはほかにありません。パー4のホール、パーで上がるとすれば、たったの四回しかクラブを振らず、残りの時間はただひたすら次のショットのことを考えているのです。その長い時間の間、うまく自分の精神をコントロールしていくところにゴルフの難しさがあります。しかも、パットの前には、人間の身体は生理的に原始的な反応によって大暴れするのに適した状態になっているのです。この方法はこうした悪循環を断ち、考える時間を極端に少なくし、人間に備わっている原始的な本能、狩猟本能をもっと前面に出す方法です。「イップスに悩む諸君よ、もっと野獣になれ!」です。

そこで、この本能をもっと強化するために、狩をするイメージを取り入れることにしました。自分が原始人になり、パターはこん棒、ボールは石ころ、ホールはウサギがうずくまっているところを想像するのです。そしてこん棒で石ころを打ち、ウサギに当て、晩のおかずにするところをイメージするのです。

通常のイメージトレーニングは、試合で緊張しながらパットをしている場面を想像し、催眠術や深呼吸で不安なくできるようにする減感作療法が普通ですが、この方法では、カップをイメージから消し、グリップの仕方やテークバックの仕方を細かく考えるよりも、パターのブレードを目標に向けたらそこでもじもじと考えずにすぐ打つ、というリズムを練習するやり方です。なにしろ、もじもじしていたら晩のおかずは逃げていってしまうからです。練習で自分が原始人になったところをイメージし、本能を磨き、構えたらすぐ打つというリズムを身につけるのです。

さっそく、皆に実験してもらうことにしました。日曜日の朝、所属のゴルフクラブへ出かけ、スタート前にグリーン上でパターの練習をしていた友人十人に頼んで、カップまでストレートなラインの1メートルと2メートルの距離を、次の方法で打ってもらいました。

まず最初は5球ずついつもの自分の打ち方で、ウィニングパットを沈めるつもりで慎重に打ち、次の5球は狩をする原始人のイメージで、カップのところにいるウサギが逃げないように、構えたらすぐ打つようにしてもらいました。

結果は、残念ながら、練習ではほとんど差がありませんでした。1メートルの距離では全員が全部カップインし、2メートルの距離でそれぞれのやり方で1球ずつ外れただけでした。皆シングルなので、練習ではこれくらいの距離は問題なく入れてしまうのです。そこで感想を聞いてみたところ、普段からパットがうまい人は、やはり自分のやり方で時間をかけた方がやりやすいといい、パットがあまりうまくない人は、この方法はなかなかおもしろいという意見でした。しかしほぼ共通の意見としては、球足が強くなるということでした。

こればかりは実戦で症例を集めてみないと何ともいえませんが、銃では有効な方法であるとの論文があることと、イップスの方は必ず構えてからもじもじし、見る間に身体がかたくなってしまうことから、有効な方法であると確信しています。後で、まだ数は少ないものの、実際にこの方法を使って有効であった症例を紹介します。

イップス対策スタンス

次に、私もときどき行っている、イップス対策スタンスを教えます。

これは90ページに述べたような原理を使うため、イップスを起こしにくくする方法です。慣れないと多少構えづらく、足の力の入れ時がわかりにくいようですが、通常のオープンスタンスと同じようにラインを決めたら、それに直角にパターのブレードを合わせ、それと同じく直角に右足の位置を決めます。これでボールを打ち出したいラインに肩のラインは平行で、パターのブレードと右足はラインに直角にセットしたわけです。その右足にややオープンスタンスになるように左足を添え、両足を絞るようにぎゅっと力を入れたら、すぐにテークバックを開始します。足に入れた力をゆるめることなく、そのままポンと打ちます。上体や腕に力が入らず、思ったよりもスッと打てることにびっくりするでしょう。足に力を入れてからパターをラインに合わせたりしてもじもじとするようなことは、決してしないでください。「ギュ、ポン」というポイントアンドショット

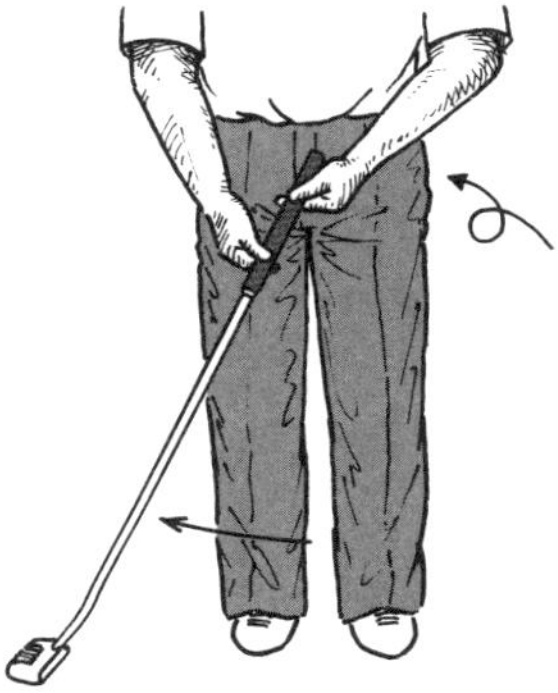
両手の親指と
人差し指だけで
パターをつまむ

方式のリズムを大切にしてください。

前記のようなイメージトレーニングとこのイップス対策スタンス、またはイップス対策グリップ（89ページ）、あるいはクロスハンドグリップ（87ページ）の組み合わせで、1〜2メートルが打てないというイップスは、ほとんどが打てるようになると思います。

振り子打法

それでもまだ何となくうまく打てないという頑固なイップスの方に、究極の方法を教えましょう。

この方法では、自分でパターをカップの方向に打ち出すという動作を全くしないために、1〜2メートルのパターが打てないことは完全になくなります。ただし、パターをテークバックすることができない方や、長い距離を打つときには使えません。

このパターの打ち方の練習方法ですが、まず絵のように、両手の親指と人差し指だけでパターをつまみ、右手で「えいっ」とテークバックした後は右手を放してみてください。その状態でボールをヒットすると、打とうとしなくても惰性で、方向性は悪いものの2～3メートルは転がることがわかるでしょう。その感覚をつかんだ後、今度は左手でパターを軽く握り、右手は親指と人差し指だけでもち、テークバックして頂点に達したら、両手の力を抜いて惰性で落ちるにまかせましょう。そして、インパクトした瞬間に右手を放して、落ちない程度に軽く左手で支えたパターが、惰性でフォロースルーに移るのにまかせましょう。今度は方向が一定してきたことでしょう。

原理としては、ブランコを頂点まで引き上げ、そこで放して、こがずに落ちるのにまかせるやり方です。アドレスした後、ライン上をカップと反対方向に引っ張り上げ、頂点で力を抜くことによって手のほうが先にダウンスイングに移り、パターのほうが円弧も大きくヘッドも重いので、惰性でさらに少し上に上がってからダウンスイングに入ります。少し、いわゆる〝ため〟をつくることになりますが、プロによってはインパクトが強くなるために、距離感が合わなくなると、この〝ため〟を嫌う人がいます。しかし、イップスの方は打てないで困っているのですから、この〝ため〟を大いに利用しましょう。カップ方向に力を入れて打つという動作なしに、力を抜いて振り子の原理を使うということだけで、2~3メートルの距離を正確に打てることがわかれば、しめたものです。後はどのようなグリップをしようと、カップと反対方向に「えいっ」と打ち出して、後は落ちるにまかせるだけで、まわりからはよくフォローが出て転がりがよくなったとほめられることでしょう。

もしもラウンド中に、同じ1~2メートルでも上りのラインが残ってしまったり、もう少しだけ長い距離を打たなければならなかったりする場合でも、決して自分で打とうとはしないでください。どうせ打てないのですから、イップスを悪化させるだけです。そのときは、同じ方法でボールの上半分を打って転がりをよくすることで対処してください。あるいは体重移動で打つ方法を少し取り入れてもよいですし、テークバックのときに小さく息を吸い、ダウンに移るときにハーッと吐き出して脱力を早め、それによってインパクトが少し強くなる方法をとってもよいと思います。自分でやりやすい方法を工夫してみてください。

振り子打法に適したパターのつくり方

余談ですが、私が実際に行ったパターの工夫をご紹介しましょう。

私は打ち方を、長尺パターを調べることでつくりあげました。長尺パターを使ったことのない方は、ゴルフショップに行って、試しに長い尺パターを手にもってみてください。その長さと重さに驚くことでしょう。長尺パターは、シャフトもヘッドも重いのです。イップスの方が長尺パターで救われるのは、その重さと振り子のように打つ打ち方に秘訣があるからです。

私は手先が器用なので、自分でゴルフクラブを工夫します。当初は長さと打ち方が重要なのだと思っていたので、自分で普通のパターのヘッドに長いシャフトをつけて、長尺パターをつくり、それを使っていました。なぜそんなに重く扱いにくいパターにしなければならないのか、わからなかったのです。しかしながら、これでは打ちきれず、また方向性も悪いため、普通

のパターに戻しました。普通のパターといっても、長尺ではないだけで、一般の方が使用しているパターとは大きく異なっていました。
今度は、ある程度の重さがなければいけないことがわかってきたので、長尺パターの重いヘッドだけをとりはずし、それに軽いグラスファイバー製のシャフトを三八インチの長さで入れ、強烈にヘッドがきいたパターをつくりました。ほとんど棒立ちの姿勢で、パターを吊るようにして、振り子運動で振るのです。
私はしばらくの間、このパターを使っていました。確かにある程度、転がりが良くなるのですが、その長さと手もとの軽さ、ヘッドの重さのために、ダウンスイングはいいのですが、テークバックが大変で、微妙なライン、微妙なタッチを要する場面ではぶれてしまうことに気がつきました。
そこで、取り扱いが楽で、転がりの良さを保つための重量を変えないように、通常の三五インチのパターのグリップの下巻きに薄いテープ状になった鉛五〇～一〇〇グラムを巻きつけ、その上に両面テープを巻き、グリップを差し込みました。これ

以上巻くと太くなりすぎて、グリップが入らなくなるからです。これで手もと側が重く安定し、ヘッドが軽いために、よく動き、転がりの良いパターができあがり、ある程度満足して使っていました。

しかし、上には上がいるものです。前述の金谷光一郎博士のところに行った際に、パターをもたせていただいたときには驚きました。私のパターの数倍は重いのです。グリップは多少太い程度なので、いったいどうやって、そんなに手もと側を重くしたのか聞きましたところ、シャフトの内側に真鍮の棒を入れたそうです。

私はそれを聞いて、この方の理論は、ゴルフスイングからパターまで本物だと改めて感心しました。数年かけて、ようやくここまで到達したのに、さらに上をいく工夫をしている人がいたのです。しかし、驚いてばかりはいられません。さっそく帰宅して日曜大工の店に行き、真鍮の棒を買いました。残念ながら太いのがなかったので、コンクリート工事で使う鉄筋の太いのをついでに買ってきました。それに両面テープをぐるぐるに

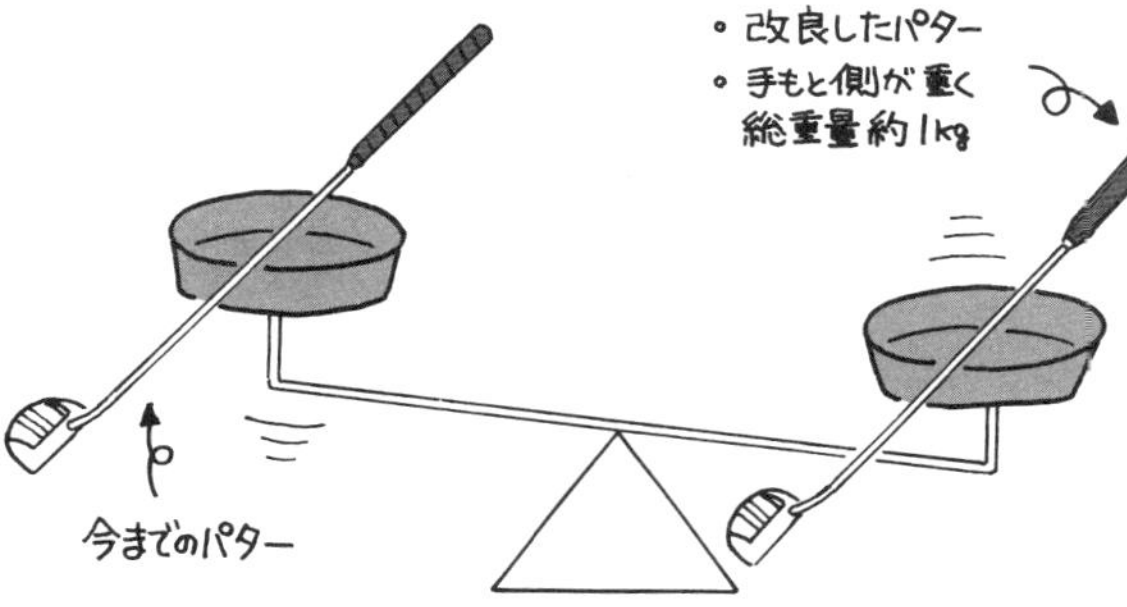

巻いて接着剤をつけ、シャフトの内部に入れました。

完成したパターを測定してみると、総重量約一キログラム、しかもそのほとんどが手もと側にかかるという、ものすごいパターができあがりました。

振り子打法では、上体の力を抜いて振り子だけで打つという性質上、グリップを軽く握るために、インパクトのときに多少ずれるということがあります。しかし、このパターではその重量を支えるため微妙に力が必要で、それによってインパクトがしっかりするようになりました。また、手もと側は重くてもヘッドは軽いままなので、扱いやすく、転がりはもっと良くなりました。

実際に、このパターをもってグリーンに行くと、全部のラインが下りに思えます。上りのラインはやや下りに、下りのラインは速い下りに感じます。したがって考えることは、いかにして打つかではなく、いかにして打たないかということになります。ショートパットに対する恐怖感は全くなくなりました。

私はこのパターをもって初めて競技に出場したとき、18ホー

ルで3パットを6回しました。すべて3～4メートルオーバーしてしまい、返しのパットもラインがきれずにまっすぐ抜けてしまったからです。

スコアは散々でしたが、帰りの車のなかで、私はご機嫌でした。タッチもラインも、練習さえすれば何とかなるからです。イップスに陥っているときは、打とうと思っても手が動かず、練習すればするほど悪化していったのですから、どうしようもありません。グリーンにあがると圧迫感を覚え、灰色の気分になったものです。30センチから1メートルのパットを残し、他のプレイヤーが打ち終わって順番がくるのを待つのが嫌で、早く「お先に」といって打ちたくてしかたがありませんでした。待っている間に不安感がつのり、身体がかたくなるのがわかるからです。

しかし、このパター、この打ち方を獲得してからは、グリーンは太陽を浴びて緑に輝き、どうやってねじ込んでやろうかと、プラスの意味でわくわくして、待ち遠しくてたまらなくなりました。

そこで、ショートパットを打てなくて困っている皆さんに、一言アドバイスをしたいと思います。

「皆さんのパターは軽すぎます」

薬物療法

これでもうまくいかない方、手の痙攣が強い方には、躊躇なく精神安定剤を処方しています。プロの場合はいろいろな方法を試してきて、ほとんど心と身体の反応の悪循環ができていますので、最初からこの方法を試すことになります。しかしながらずっと使うわけではなく、この悪循環を断ち、「なるほど俺の手は動くんだ」と納得するまで、数カ月を目途に使います。経験からいえば、最初に多少の眠気はあっても、多めの量を使ったほうがよいでしょう。少量ですと違いがわからず、「なんだ、やっぱりこの方法でも俺はだめなのか」と落胆してしまうからです。それよりは、ラウンド中多少眠かったり、ボーッとすることがあったりしても、自分の手が動くことを確認してもらって自信をつけてから、少しずつ減量していくほうがよいでしょう。

薬物療法はこのように、第一にはイップスを引き起こす引き金となる不安、緊張を抗不安薬でやわらげ、引き金が引かれにくくし、さらに抗不安薬のもう一つの作用である抗痙攣作用により、多少手の痙攣を起きにくくします。

第二にそれでもだめな場合には、引き金が引かれても、すなわちイップスを起こすような神経伝達の閉鎖回路が作動しても、痙攣を起こさなくする方法をとります。つまり抗痙攣剤の軽いタイプを使用します。ただし抗痙攣薬は、抗不安薬と違って運動に影響を及ぼすので、あまり使いたくありません。できれば抗不安薬を増量することで対処したいものです。

大切なことは、手の痙攣が起きることを早い段階から押さえていくようにすることです。繰り返し手の痙攣を起こしていると、神経伝達の回路がよりはっきりと通じやすくなるので、どんどん悪化していくからです。実際のゴルフの場面でも、競技会に出場したときに緊張のあまりイップスを起こしていた人が、何回も繰り返すうちに仲間内のラウンドや家族とのラウンドでも起こすようになり、ひどいときには練習グリーンで競技をイメージしたパット練習をしているときでさえ起こすようになることがみかけられます。つまり強い刺激、強い緊張のもとでしかイップスを起こさなかった人が、神経伝達の回路がはっきりとできてしまうために、弱い刺激でも起こしてしまうようになったのです。何となく打ちづらい、何となく強く打ってしまうというくらいのうちに、上記のいろいろな方法や薬で押さえてしまい、自信をつけ、緊張による引き金を引かせないようにすることが大切です。

精神科の病気で、脳の異常な電気放電によって意識消失発作や痙攣発作を起こす「癲癇」という病気があります。この病気の治療のポイントは、一度発作を起こしてしまった後は、たとえしばらくの間、日常生活に多少の影響が出たとしても、薬を使って発作を徹底的に押さえ、二度目、三度目の発作を起こさないようにすることです。薬を多く服用すると、眠くなったりふらついたりして社会生活をうまくこなせないことがありますが、それであっても何回も痙攣を起こさせないようにすることのほうが大切です。イップスの場合も、遊びだからと考えてないで、早めに対策を立てることが大切です。

私が実践したイップス治療の具体例

私は今まで何人かの方に、精神科医としてイップスを何とか治療してほしいと相談されてきました。しかし、二年ほど前まで、私は相談に乗ることができませんでした。いろいろな方法はあるものの、自分のイップスが治らなかったからです。二年ほど前から、前記の方法の組み合わせにより、私は自分のイップスを攻略することができ、パターをほぼ普通に打てるようになっています。そこで初めてまわりの方に、イップスの攻略法を教えることができるようになり、おおむね好評なので、今回この本にその方法をまとめて書くことになった次第です。

イップスと一言でまとめられていますが、その症状は千差万別です。ドライバーがテークバックできない人、バンカーが打てない人、パターに限ってみてもテークバックが上がらない人、打てない人、痙攣して強く打ちすぎてしまう人などいろいろあり、今まで述べてきた治療と対策のどの方法が合うのかは、実際のところ、一つずつ試してみなければわからないのです。

そこで、数は少ないものの、実際に対策を講じてみたその実例を次に示します。皆さんの方法選びの参考にしてください。

◆【症例1】典型的なアプローチイップス

身長一八五センチ、体重九〇キロ。

非常に体格に恵まれ、年齢も若く、しかも元運動選手のため、ショットには目をみはるものがあります。ドライバーショットははるかかなたのフェアウェーをとらえ、アイアンショットは空高く舞い上がりグリーンに突き刺さります。フェアウェーキープ率、パーオン率は七割くらいにも達するでしょうか。パターもうまい。本来ならものすごいゴルファーなのですが、気の毒に重症のアプローチイップスなのです。ロングホールでは2打で届きそうなときでも、必ず100ヤード以上残るように刻みます。中途半端なアプローチが残ったら大変だからです。不幸に

して40～50ヤードの距離が残ってしまったときには、サンドを開いてフルショットし、限りなくロブショットに近い球でグリーンに乗せます。30ヤード以内は全部パターで寄せます。したがって、冬には芝が枯れるためスコアが良くなり、夏にはグリーンまわりのラフが伸びるためパターが使えず、スコアが悪くなります。バンカー越えのアプローチが残った場合は悲劇です。何度も仕切りなおしをし、ウンウンうなっていますが、振り上げたクラブが下りてこないのです。あまりザックリ（チャックリ）するため、仲間から「チャックマン」とあだ名をつけられ、それがすっかり広まってしまい、治すことができず、今日に至っています。

このような悪循環をつくらないためにも、仲間にイップスであることを話すことはやめたほうがいいのです。また、ゴルフ仲間も、イップスのことをからかうことはしてはいけないのです。イップスが起こるのは、その人が臆病なためでも、勇気がないためでもないからです。

みかねて、チッパーのようなものを使ってみることをアドバ

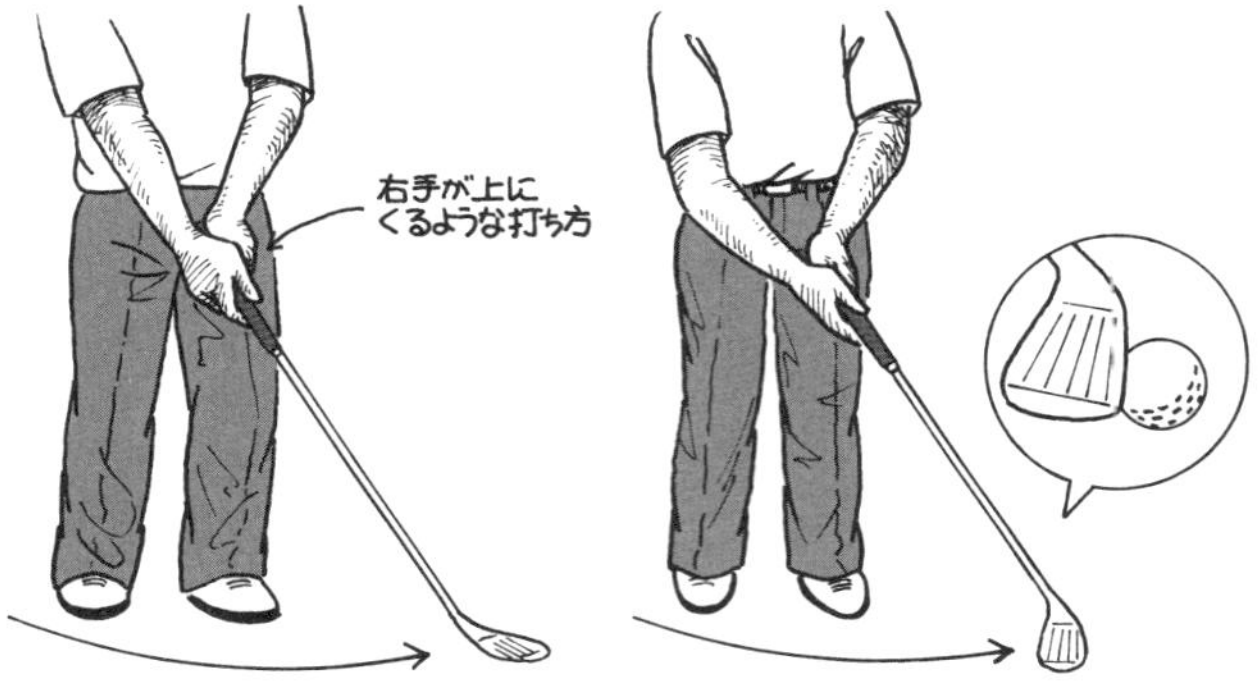

イスしたこともありますが、本人の美学に合わないのか、全く使おうとしません。

アプローチイップスの場合は、パターの場合に比べて治療が少し難しくなり、時間も多少かかるようです。アプローチの場合には、技術的な問題も含まれてくるからです。この方の場合には、アプローチでかちあげる動作があるため、右の絵のようにクラブの歯で打ってトップしたり、ザックリしたりするのです。左の絵のようにもう少し右手が上にくるような打ち方をするようにアドバイスし、練習してもらっています。プロでもない私が技術的なアドバイスをすることはおかしいのですが、成り行き上、やむをえず口を出しています。

さらに、ポイントアンドショット方式（119ページ）の打ち方のリズムを覚えてもらい、さらにイップス対策スタンス（90ページ）を行ってもらいました。この方法は右足のかかとに力を入れるのですが、傍からみても通常のオープンスタンスと変わらず、この方の美学にも反しないため、納得して練習に取り入れてもらっています。手が動くようになったため、柔らかいふわっとした球が打てるようになったと喜んでいますが、まだかちあげる動作があるためにクラブが開いてしまい、狙いよりも右に出てしまうことが多いようです。効果はあるようですが、自信をつけて普通に打てるようになるまでには、もう少し時間がかかりそうです。

◆【症例２】パターの名手が陥ったイップス

六十歳、男性。学生時代ゴルフ部のキャプテンを務め、数年前にはクラブ選手権で優勝したほどの猛者です。現在、会社社長をしており、非常に忙しく、ゴルフする時間もままならないはずなのに、眠る時間を削って練習に励み、いつもコンスタントな成績を出してくることに感心させられるゴルファーです。ドライバーを強振することなく八割くらいの力で打ってフェアウェーをとらえ、セカンドもトラブルを避けて安全なところへ打ち、アプローチとパターできっちりスコアをつくるという手堅いプレイヤーです。パターの名手だからこそできる方法でしょう。

この方とマッチプレーで対戦することになりました。すると連絡があり、パターの調子が悪いので、対戦の前日の土曜日に一緒にラウンドしてちょっとみてくれというのです。何で敵に塩を送るようなことをしなければならないのかと思いつつも、のこのこ出かけていってラウンドしてみると、テークバックを大きくとり、インパクトで弱めてそっと打つような打ち方になってしまっていました。インパクトで弱めるため、フェースの向きが安定せず方向がばらつき、カップまで届かない弱々しい球でした。

いったいどうしたのか尋ねると、一年ほど前、イップスの方のプレイをみてから何となくそれが移ってしまったようで、ショートパットを打つのが怖くて打てないため、大きくテークバックするようになったというのです。どうりでここ一年ほど良い成績を残していないはずです。幸い手の痙攣はなく、ごく初期のイップスと判断し、ポイントアンドショット方式とイメージの仕方（119ページ）を教え、「これで明日僕が負けるようなことがあったら、いったいどうしよう」などと軽口をたたきながら帰宅したのです。

翌日、彼のパットは一変していました。朝から難しいパットを入れまくり、最終ホールで私を振り切ったのです。うれしくもあり、悔しくもあり、何とも複雑な症例です。

◆【症例３】薬物療法で克服した初期のイップス

七十五歳、男性、建設会社社長。年齢にもかかわらず、ドライバーの飛距離には驚かされるゴルファーです。同年代のプレイヤーのなかでは抜きん出ています。七、八年前からイップスに悩まされ、特に四、五年前からはみていて気の毒なほど悪化してしまいました。手の痙攣を伴うため、パターの２度打ちや３パット、４パットは当たり前で、ときには癇癪を起こしてホールアウトできないほどでした。もともとシングルハンデキャップであり、パターのうまい方でありましたが、やはり独特の美学があり、長尺パター（92ページ）やクロスハンドグリップ（87ページ）を勧めても、死んでも嫌だと拒否していたのです。

この方の場合には、痙攣を伴うこともあり、薬物療法を中心とすることにしました。抗不安作用と抗痙攣作用が強く、筋弛緩作用と鎮静催眠作用の弱い薬を探し出しました。あまりにこの条件にあった薬がみつかったため、私が勝手に「イップスのゴルファーのお友達」と名づけ、以後、薬が必要なときには第一に投与することにしています。筋弛緩作用が弱いため、ショットには全く影響がないことをよく説明し、高年齢で効果の発現が遅いことも考慮に入れて、ラウンドの一時間前に一錠だけ服用してもらいました。

多少心配なことと、効果を確かめるために、一緒にラウンドしました。感想を聞いてみると、多少不安感が残っていることと、打ちにくさを感じるとのことでしたが、痙攣はなく、手はよく動くようでした。ここが大事なところです。不安感があっても手が動けばよしとしなければいけません。不安感がなくパットを打てるほどの薬の量は、他の作用が強く出てしまうのでお勧めできません。この程度で我慢していただかないといけないのです。ラウンド中は緊張しているためか、特に訴えはありませんでしたが、ラウンド後に眠気を訴えてきました。しかし、

これも我慢してもらわなければしかたがありません。抗不安薬には、前述したように四つの作用があるので、弱いとはいってても必ず副作用として出てしまうからです。我慢して早く帰宅し、朝までぐっすりと眠るようにしたらいいでしょう。

◆【症例4】土踏まずを刺激して、イップス克服

Aさんは一流会社重役です。仲のよさそうなお仲間三人でラウンドされているなかに、偶然私が一人で組み合わされてしまいました。三人のなかでは、このAさんがいちばんショットがいいようでしたが、グリーン上では1〜2メートルのパットをポロポロ外していました。みかねて、「ショートパット、打ちにくいことありませんか」と尋ねると、「イップスなんだよ」と仲間の方がニヤニヤしながら教えてくれました。偶然ご一緒したパーティなので、あまり時間のかかることをしてもしかたがないと思い、土踏まずを刺激するイップス対策スタンス（90ページ）だけを教えました。半信半疑でありアドレスの仕方もぎこちなかったものの、手はよく動くようになり、次のホールで1

メートル半ほどのパーパットを難なく沈めてから、お仲間の顔つきが一変しました。「先生、余計なこと教えないでくれ」と怒られてしまいました。どうも食事代くらいを軽く賭けているようでしたが、Aさんがイップスであることで、つりあいがとれていたのです。まずいことをしたと思い、以後はパットのことには触れずに、早々に退散しました。

後日、同じゴルフクラブでプレイしていると、偶然隣のホールでプレイしていたAさんが、プレイ中にもかかわらず木の陰からにこにこしながら寄ってきて、「先生、いい方法を教えてくれた。おかげでこの5番ホールまでパープレイだよ」というのです。「それじゃあ仲間が怒るわけだ」と思いながらも、大変うれしく思いました。医者冥利に尽きる症例でした。

◆

【症例5】グリップを変えてシニア選手権予選をパス

六十七歳、会社社長。あまり飛距離は出ないものの、アプローチがうまく、特にグリーンをオーバーしたときの返しの逆目の下りのラインなどもきれいに寄せてくる、油断できないプレ

イヤーです。もともとパターもうまいのですが、両肘を身体にくっつけて固定し手首を多く使って打つような打ち方だったので、緊張したときに1～2メートルの距離のショートパットが必ず左に外れるという悪い癖がありました。イップスと呼べるかどうかというほどの軽い症状でしたが、手首を使いすぎることと、右手の親指側の筋肉の使いすぎをなくすために、イップス対策グリップ（89ページ）を勧めたところ、クラブのシニア選手権の予選をパスし、「難しいラインのパターも入ったし、1～2メートルのパターは全然外さなかった。同伴競技者にパターがうまくなったとほめられた」と喜んで電話をかけてきました。

イップス対策グリップを使ったために右手の小指側の筋肉がしまり、右手の親指側の筋肉がつかえず、緊張したときでも引っ掛けることがなくなったのでしょう。

イップス対策のまとめ

最後に、これまで述べたイップス対策法を簡単にまとめ、分

◆参考文献

ハリー・バートン：How To Play Golf. 1912.
トミー・アーマー：ABCゴルフ. 1967.
デイブ・ペルツ：パッティングの科学. 1996.
金谷光一郎：スウィングは2拍子で振れ. 1999.

類すると、次のようになります。

1 イメージトレーニング法
 a 催眠療法
 b 自律訓練法
 c 呼吸法（禅）
2 脳の別の回路を使う方法
 a クロスハンドグリップ
 b イップス対策グリップ
 c イップス対策スタンス
3 道具の工夫
 a 長尺パター
 b 中尺パター
4 手を使わないようにして打つ方法
 a 体重移動で打つ方法
 b フットワークで打つ方法
 c 振り子打法
5 薬物療法

あとがき

私にとって、精神科の患者として治療を受けるということは生まれて初めての体験でした。今後はもうないことでしょうが、電気ショック療法などを用いることなく、温かく治療にあたってくださった皆様に感謝いたします。また精神科医としていろいろな方にお話をうかがったり、資料やアドバイスをいただきました。本当にありがとうございました。改めて御礼申し上げます。

では、これで私の経験をも含んだイップスの攻略の話をおしまいにします。

この本を書くときに、正直な話、出そうか出すまいか、ずいぶん悩みました。周囲にイップスであることを知らせないという精神科医の鉄則に反してしまい、この本を出すことによって、私の周囲の話題はしばらくの間イップスのことばかりになることが予想されるからです。

しかしながら、心の病の専門家である精神科医でさえ、イップスを攻略するのにあれこれ方法を模索して、約四年の年月が必要だったのです。一般の方では途方にくれてしまうだろうと思い、自分の体験談も含めてイップスの攻略法のすべてを御紹介することにした次第です。
　この本を読まれた皆様方が、苦しい思いをすることなくゴルフを楽しまれることを願っております。

二〇〇一年三月十六日

田辺　規充

■著者略歴

田辺　規充（たなべ　のりみつ）

○東京慈恵会医科大学卒
○　同　精神神経科講師
○杉並病院院長
○小金井病院常任理事

イップスの科学

2001年 4 月25日　初版第1刷発行

著　　者　田　辺　規　充

発 行 者　石　澤　雄　司

発 行 所　株式会社　星　和　書　店

東京都杉並区上高井戸1-2-5　〒168-0074
電話　03（3329）0031（営業）／03（3329）0033（編集）
FAX　03（5374）7186

　Printed in Japan　ISBN-4-7911-0438-2